América I

Curso de español americano
para extranjeros

SILVIA DUBROVSKY · SILVIA MALDONADO

AMÉRICA I

CURSO DE ESPAÑOL AMERICANO PARA EXTRANJEROS

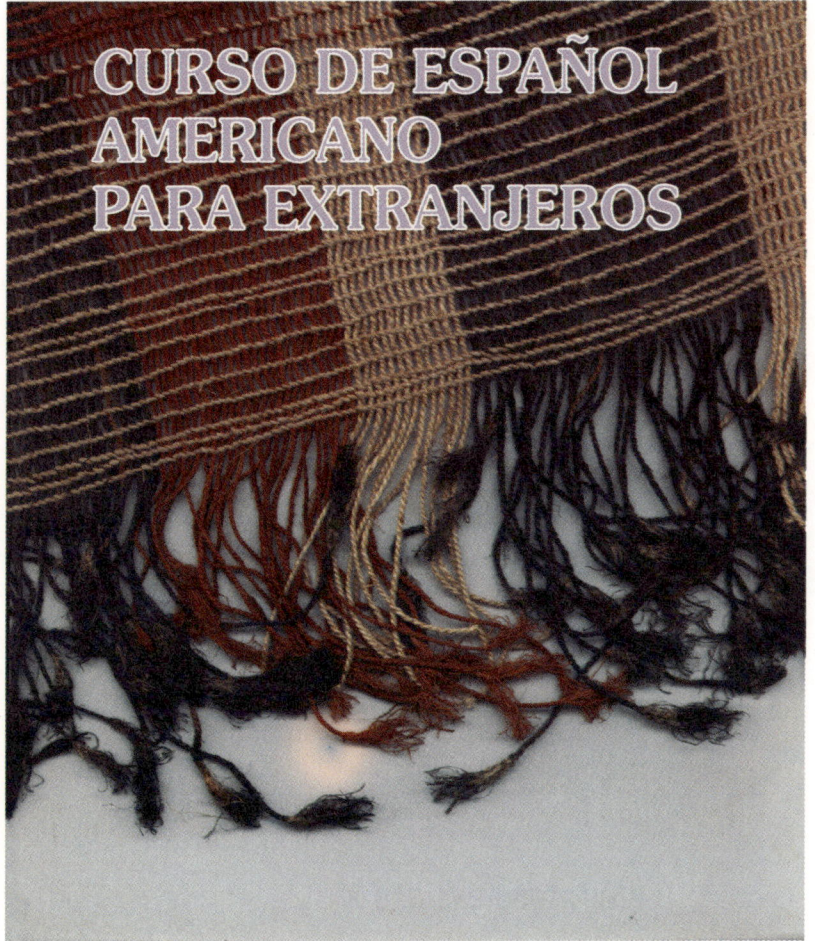

EDICIONES COLIHUE

Diseño de tapa e interiores: Ricardo Deambrosi

Viñetas e ilustraciones: Carmen Pérez

América I. Curso de español americano para extranjeros
incluye un casete con material grabado que se
entrega exclusivamente con el libro.
Los ejercicios de la sección del libro
"No es hablar por hablar" y aquellos señalados con el signo 📼
requieren la utilización del casete.

I.S.B.N. 950-581-318-X

Queridos amigos:

El libro *América I. Curso de español americano para extranjeros*, que aquí presentamos, les permitirá, de forma amena y didáctica, entrar en el universo de la lengua castellana hablada en América Latina.

Cada unidad del libro del alumno consta de:

- Vocabulario, comprendido en **Como te decía** (diálogos) y en la **Historia del Dr. Pi*** (textos).

- Gramática, incluida en **Pensándolo bien**.

- Ejercicios de aplicación directa, oral y escrita *(¡Vamos todavía!)*.

- Ejercicios de producción y comprensión en situación comunicativa **(No me digas)**.

- Información cultural *(El sur también existe)*, para la comprensión de la lengua en el marco de la cultura.

América I incluye al final, un **Breve diccionario dialectal de palabras y expresiones sinónimas** de distintos países latinoamericanos. Las palabras incorporadas al diccionario están señaladas en el texto con un asterisco (ej.: mozo*).

Deseamos que este método les permita iniciarse en forma rápida y agradable, y con mucho buen humor, en la aventura de la adquisición de nuestra lengua.

¡Buena suerte!

Las autoras

---

* El Dr. Pi es una adaptación libre del personaje Dr. Pi Torrendel, creado por el poeta argentino Edgard Bayley (1920-1990).

TEMAS	COMUNICACIÓN	GRAMÁTICA

UNIDAD 1. En el aeropuerto /9

TEMAS	COMUNICACIÓN	GRAMÁTICA
Saludo, datos personales (nombre, ocupación, nacionalidad).	Cómo pregunto. Utilización de cómo, dónde; pedir y dar información.	Verbos: Presente del indicativo /14. Regulares (-ar, -er, -ir), irregulares (estar, ser, hacer), reflexivos: llamarse./15. Pronombres personales /14, reflexivos (sing.) /15, posesivos (sing.) /18, interrogativos (¿qué?, ¿cómo?, ¿dónde? y ¿quién?) /19-20. Verbo + preposición: (de, en) /16. Preposición + artículo: (de + la) /18. Contracción: (del) /18. Nexos coordinantes: y, pero /17. Indicadores espacio-temporales: (allá, aquí) /20. Concordancia género y número (-ano / -ana, -és / -esa, -ayo / -aya) /16-17. Afirmación-negación /27-29.

UNIDAD 2. En la calle /35

TEMAS	COMUNICACIÓN	GRAMÁTICA
Ubicación, orientación.	Solicitud de ayuda, órdenes, deseos.	Verbos: Presente del indicativo. (Querer, poder, volver, tener, salir, poner) /40. Imperativo: variedad del voceo /41. Estar y haber /41-42. Reflexivos: (vestirse, lavarse, peinarse) /46. Poder + verbo en infinitivo / 45. Querer + verbo en infinitivo /45. Pronombres (conmigo, contigo); interrogativos + verbo (¿sabes dónde está?, ¿sabes con quién está?) /42. Artículos (el, la, un, una) /41. Preposición (ser de, ir a) /44. Contracción: (al) /44. Referentes espacio-temporales: (frente a, detrás de, cerca, entre, sobre...) / 42. Nexo: (pero) /44.

UNIDAD 3. En el mercado /63

TEMAS	COMUNICACIÓN	GRAMÁTICA
Compraventa. Las comidas. Los almacenes.	Manejo del dinero, pesos y medidas. Numeración.	Verbos: Futuro próximo (ir + a + infinitivo) /68. Gustar (me gusta - no me gusta) /69. Gradación: (mucho, poco, nada, a mí también, a mí tampoco) /69. Adverbios: muy + adjetivo; adverbio + nombre. Determinantes: este, ese, aquel (singular, plural, femenino), (esto, eso, aquello) /70. Pronombres: Enclíticos de dativo y acusativo: me, te, se, nos, les/lo, la, los, las /71. Preposiciones: ¿Para + quién? + pronombre personal, posesivo /71. ¿Para + qué? + verbo /71. Numerales y ordinales: el primero de la clase, la sexta cuadra /72-73. Pesos y medidas: un kilo de, un litro de... /72.

UNIDAD 4. En la fiesta /93

TEMAS	COMUNICACIÓN	GRAMÁTICA
Encuentros con otras personas. Presentación y preguntas sobre terceros. Transportes. Comida.	La "obligación". Habla formal e informal.	Verbos: Pretérito indefinido. Regulares (-ar, -er, -ir), irregulares (estar, tener, poder, querer) /98. Verbos ir / ser. Frase verbal: (tener + que + infinitivo) /99. Pronombres posesivos, clíticos y tónicos: mi, tu, su, nuestro, suyos / mío, suyo, nuestro, de ellos. Determinantes: aquel que, el que, aquella que, la que... /100. Algún, ningún, alguien, nadie, algo, nada. Uno, alguno, ninguno / 101-102.

A Santi, Manu, Martín y Nico.

*Queremos agradecer muy especialmente a:
Cipe Fridman, Gregorio Vatenberg, Adriana y
Leonardo Hernández, Charo y Jorge
Dubrovsky, Lully Vélez, Nora Krichmar, Fany
Doctorovich y al fotógrafo Claudio Nemiña.*

*Muchas gracias también a:
Cristina Fridman, Víctor Bruno, Graciela y
Luis Morado, Miriam Simeran, Julián Vat,
Marcelo Macri, Alejandro Porta, Alejandro
Sapognikoff, Verónica Schnek y Esteban "Pi"
Mihanik, por su participación en la grabación.*

UNIDAD 1

Bienvenidos a América

Como te decía...

Migraciones

- —¿Cómo se llama?
- —Me llamo Juan Rodríguez.
- —¿Y usted?
- —Catalina Fuentes.
- —¿De dónde son?
- —Somos colombianos.

Policía

- —Por favor, ¿dónde está el baño?
- —Allá.
- —Gracias.

Salida

- —¡Somos nosotros!

- —¡Hola Ernesto, cómo te va!
- —Muy bien, ¿y vos qué tal?
- —Bien, bien, ¿y tu familia cómo está?
- —Bárbaro*. Ahí están, vamos.

Parada de taxi

- —¡Hola! ¿De dónde eres?
- —Soy de Buenos Aires, ¿y vos?
- —Soy peruano, de Lima.

- —¿Qué hacés?
- —Soy estudiante, ¿y tú?
- —Soy médico.
- —¿Vives aquí?
- —No, vivo en Montevideo.

Aduana

- —¿Quién es Anahí Galarza?
- —¡Soy yo!
- —Aquí está su pasaporte.
- —¡Ah! Muchas gracias.
- —De nada.

Cafetería

- —¡Mozo*!
- —Buenos días, señorita.
- —Buenos días, un café* por favor.
- —Aquí está.
- —¿Cuánto vale*?
- —Son dos pesos*.
- —Aquí tiene, gracias.
- —A usted.

Pensándolo bien

1) Tiempo presente: verbo ser

PRESENTE

YO	**SOY**	PEDRO
TÚ	**ERES**	ALEMÁN
ÉL/ELLA	**ES**	ESTUDIANTE
NOSOTROS	**SOMOS**	MÉDICOS
USTEDES	**SON**	HOLANDESES
ELLOS/ELLAS	**SON**	PERUANOS

ATENCION

VOS **SOS** HOLANDÉS

Afirmación

(Yo) soy Juan.   (Nosotros) somos peruanos.

Interrogación

¿Eres (tú) Juan?   ¿Son (ustedes) holandeses?
¿(Tú) eres Juan?   ¿Ustedes son holandeses?

¿ SON USTEDES HOLANDESES ?

?

NO, SOMOS PERUANOS

Negación

No soy Juan, soy Pedro.   No somos holandeses. Somos peruanos.
No, soy Pedro.   No, somos peruanos.

2) Tiempo presente

a) verbos regulares

-AR		-ER		-IR
HABLAR	**ESTUDIAR**	**COMER**	**BEBER**	**VIVIR**
HABL**O**	ESTUDI**O**	COM**O**	BEB**O**	VIV**O**
HABL**AS**	ESTUDI**AS**	COM**ES**	BEB**ES**	VIV**ES**
HABL**A**	ESTUDI**A**	COM**E**	BEB**E**	VIV**E**
HABL**AMOS**	ESTUDI**AMOS**	COM**EMOS**	BEB**EMOS**	VIV**IMOS**
HABL**AN**	ESTUDI**AN**	COM**EN**	BEB**EN**	VIV**EN**

b) verbos irregulares

ESTAR	**HACER**
ESTOY	HAGO
ESTÁS	HACES
ESTÁ	HACE
ESTAMOS	HACEMOS
ESTÁN	HACEN

ATENCION

VOS HABLÁS
ESTUDIÁS
COMÉS
BEBÉS
VIVÍS
HACÉS

Verbos reflexivos

LLAMARSE

SINGULAR

(Yo)	**ME**	LLAM**O**
(Tú)	**TE**	LLAM**AS**
(Él)	**SE**	LLAM**A**

YO ME LLAMO
ZULEMA PEREYRA

3) Los niños y las niñas

FEMENINO	**La**	niñ**a**	es	lind**a**
	Las	niñ**as**	son	lind**as**
MASCULINO	**El**	niñ**o**	es	lind**o**
	Los	niñ**os**	son	lind**os**

La niñ**a** es inteligent**e**.

El niñ**o** es inteligent**e**.

La niña y el niño son inteligent**es**.

4) ¡No soy de Marte!

Es	**de**	Colombia	Estudia	Ø	biología
	-	colombi**ano**		Ø	español
	de	México		Ø	filosofía
	-	mexic**ano**		Ø	(aquí, acá, allá, allí)
Son	**de**	Perú			
	-	peruanos			
Vive	**en**	Argentina			
		Paraguay			
		Matagalpa			
Está	**en**	Chile			

5) ¿Son de Perú? ¿Son peruanos?

Es Son de	Es		Son	
Colombia	colombiano	colombiana	colombianos	colombianas
Bolivia	boliviano	boliviana	bolivianos	bolivianas
Holanda	holandés	holandesa	holandeses	holandesas
Inglaterra	inglés	inglesa	ingleses	inglesas
Francia	francés	francesa	franceses	francesas
Alemania	alemán	alemana	alemanes	alemanas
Uruguay	uruguayo	uruguaya	uruguayos	uruguayas
Paraguay	paraguayo	paraguaya	paraguayos	paraguayas

6) y... pero

Charo vive en Perú **y** Ernesto vive en Bolivia.

Mónica es del Perú **pero** estudia en Bolivia.

7) ¡Es mi lapicera!

Mi valija	**Mis** valija**s**
Tu cartera	**Tus** cartera**s**
Su lapicera	**Sus** lapicera**s**

8) No, es la lapicera de Sofía

a)   De + nombre

El pasaporte es **de María**. Es su pasaporte.

b)   De + artículo

De + la	La revista es **de la** niña.
De + el = del	El perro es **del** Sr. Gómez.

9) ¿Cómo pregunto?

¿Qué?	¿Qué estudia Juan?	—Biología. —Estudia biología.
	¿Qué estudias (tú)?	—Psicología. —Estudio psicología.

¿Qué?

+ verbo **hacer**

¿Qué haces tú?	—Estudi**o**, le**o**, cocin**o**.
¿Qué hace Susana?	—Traba**ja**.
¿Qué hacen (ellos)?	—Estudi**an** inglés.

¿De dónde?	¿De dónde es usted? {	—**De** Colombia. —Soy **de** Colombia. —Soy colombiano.
¿Dónde?	¿Dónde vive Susana? {	—**En** Medellín. —Vive **en** Cartagena. —Vive aquí.

¿Dónde? + verbo **estar**

¿Dónde está Juan?	—Está en el correo.
¿Dónde está el baño?	—Aquí.
¿Dónde está el café?	—Está a la izquierda.
¿Dónde está el taxi?	—Allá.
¿Dónde están los niños?	—En la escuela.

¿Quiénes?

¿Quién es Juan García?	—¡Yo soy! —¡Soy yo!
¿Quién es usted?	—Juan Rodríguez.
¿Quiénes son ellos?	—Los Gómez. —El Sr. y la Sra. Gómez

¿Cuánto? + verbo **valer**

¿Cuánto vale un café? {
—100 pesos.
—40 intis.
—300 bolívares.

¿Cómo?

a) + verbo **llamarse**

¿Cómo te llamas?	—Sara Ramírez.
¿Cómo se llama?	—Me llamo José Miranda

b) + verbo **ser**

¿Cómo es? {
—Es alta.
—Es linda*.
—Es baja*.
—Es inteligente.

¿Cómo son?	—Son grandes.

¡Vamos todavía!

1) Completa con el verbo *ser*

—¿(Tú) **eres** argentina?
—No, (yo) **soy** peruana.

● —¿(Tú) _____ Pedro?

● —No, (yo)_____ Santiago.

● —(Nosotros)_____ españoles, ¿y ustedes?

● —_____ franceses.

● —¿(Ustedes)_____ mexicanas?

● —Sí,_____ mexicanas.

2) Une con flechas

	señor		negros.
	mujeres		colombiano.
La	reloj		nuevo.
El	maleta*	es	del Dr. Pi.
Las	zapatos		rojas.
Los	café		paraguayos.
	medias	son	chileno.
	pasaporte		escritoras.
			grande.

La maleta está allá.
Las maletas están allá.

El baño está a la derecha.

El colombiano es estudiante.

La peruana vive aquí.

Él se llama Gómez.

Ella trabaja en la cafetería*.

Él tiene 20 años.

4) Contesta

Me llamo Juana.
Y ella se llama Evita.
Y vos, ¿cómo te llamás? _____

Preséntate y pregunta a tus compañeros.

5) Contesta según los ejemplos

¿Qué hacen?
Cantan. Son cantantes.

═══════════════ ¿De dónde son? ═══════════════

MERCEDES SOSA

de Argentina,

es **argentina**

SOLEDAD BRAVO

de Venezuela,

es _____

AMPARO OCHOA

de México,

es _____

EVA AYLLÓN

de Perú,

es _____

¿Qué hacen?
Escriben. Son escritores.

═══════════════ ¿De dónde son? ═══════════════

JORGE LUIS BORGES

de Argentina,

es _____

G. GARCÍA MÁRQUEZ

de Colombia,

es _____

CARLOS FUENTES

de México,

es **mexicano**

A. ROA BASTOS

de Paraguay,

es _____

6) Completa con

mi - mis
tu - tus
su - sus

(Tú) **Tu** maleta.

(Yo) _____ familia.

(Él) _____ pasaporte.

(Ella) _____ zapatos.

(Tú) _____ hijas.

(Él) _____ lapicera*.

(Ella) _____ cartera*.

(Yo) _____ medias.

7) ¿Cómo pregunto? Completa

● —¿**De dónde** eres?
● —Soy de Alemania.

● —¿_____ vale el diario*?
● —Vale un peso.

● —¿_____ están en la casa de Alicia?
● —Los Gómez.

● —¿_____ te llamas?
● —Me llamo Ana Inés.

● —¿_____ es la casa de Pablo?
● —Es grande y muy linda.

8) Completa

Susana (ser) **es** argentina y (vivir) **vive en** Colombia.

● —Juan Carlos (ser) _____ colombiano y (estudiar) _____
biología ____ Argentina.

● —¿_____ son_____ ?
● —Son el Sr. y la Sra. Gómez.

● —¿Dónde (estar) _____ el baño?
● —Allá_____ la izquierda.

● —¿_____ vive Juan Carlos?
● —____ Venezuela.
● —¿Qué (hacer)_____?
● —(Trabajar) _____ y (estudiar)_____ biología.

● —¿De dónde (ser)____ Anahí González?
● —_____ _____ Paraguay.
● —¿Vive_____ ?
● —No, vive_____ Panamá.

● —¿Cuánto (valer) _____ el periódico*?
● —_____ _____

● —¿Quién (estudiar) _____ arquitectura?
● —Chela Pérez.

● —¿(Hablar, ustedes)_____ español?

● —Sí, _____ español y portugués.

● —¿Dónde (estudiar, ellos) _____ medicina?

● —_____ medicina ____ Argentina.

● —¿Y él, qué hace?

● —(Trabajar) _____ _____ una cafetería.

● —¿Qué (hacer) _____ ustedes?

● —(Cocinar) _____

● —¿Dónde (vivir) _____ _____ estudiantes?

● —(Vivir)_____ _____ el Hotel Garcilazo.

9) Completa con

de
de la
del

> La maleta es **de** Berta.
> La maleta es **del** Sr. Gómez.
> La maleta es **de la** Sra. Gómez.

El departamento* es _____ Raúl.

El sombrero_____ _____ mucama.

La bandeja* es_____ mozo.

Los zapatos son_____ Dr. Pi.

El pasaporte es_____ Carlos Aguirre.

El cuadro es_____ _____ Sra. Josefina Robirosa.

El poema es_____ Francisco Urondo.

La casa es blanc__ y la puerta es roj__; las ventanas son negr__.

Esther vive allí. Esther es una mujer alt__, inteligent__ y simpátic__.

Hoy tiene unos zapatos blanc__, una falda* amarill__ y una camisa

anaranjad__.

Clara vive en Venezuela. Estudia veterinaria. Es de Ecuador. Vive con su hermano Esteban. Su hermano no estudia. Sus padres son colombianos.

	V	F
Clara vive en Venezuela y su hermano en Canadá.	☐	☐
Esteban vive con sus padres pero no con su hermana.	☐	☐
Los padres de Clara y Esteban son colombianos.	☐	☐
Clara y Esteban estudian veterinaria.	☐	☐
Clara es de Ecuador pero vive en Colombia.	☐	☐
Esteban no vive con sus padres pero vive con su hermana.	☐	☐

¿Quién es? {
mexicana.
Juan González.
los Gómez.
en Chile.
de Uruguay.

¿Cómo es? {
de Guatemala.
estudia.
alto.
colombiana.

¿Dónde vive? { en Lima.
México.
nicaragüense.
aquí.

¿De dónde es? { lindo.
de Costa Rica.
arquitectura.
Juan López.
México.

¿Qué hace? { estudia.
trabaja.
cocina.
vive.
habla.

¿Qué puede decir de este hombre?

13) Resuelve

El apellido de Susana es Peralta.
Walter Rossi es uruguayo.
El apellido de Charo no es Galarza.
Patricio no es paraguayo y es
   antropólogo.
Anahí es maestra, Charo es guía de
   turismo. No son argentinas.
El uruguayo es abogado.
Galarza es paraguaya.
Susana estudia medicina.
El chileno se llama Rojas.
El apellido de la peruana es Barrionuevo.
Una mujer es argentina.

	Apellido	Nacionalidad	Profesión
Susana			
Walter			
Patricio			
Charo			
Anahí			

¡No me digas!

1 Elige un personaje real o imaginario y preséntate. Ten en cuenta: nombre, nacionalidad, ocupación, lugar de residencia.

```
                DATOS  PERSONALES
            DE QUIENES FIRMAN AL FRENTE

1. APELLIDO: .........................................
   NOMBRES: ..........................................
   NACIDO EN: ........................................
   EL ____ / ____ / ____   NACIONALIDAD: ..........     ESTADO CIVIL: ..........
   DOM. PARTIC.: ......................              L.C. - L.E. - D.U.I.: ..........
   C.I.: ..............   POLICIA: ..........         MADRE: ..........
   PADRE: ..........                                 PERSONERIA (*) ..........
   CONYUGE: ..........
   ACTIVIDAD: ..........
```

```
ENTRADA / ARRIVAL          USO OFICIAL / OFFICIAL USE                SALIDA / DEPARTURE
PZ                                                                   PZ
Empresa y Nº de vuelo o viaje                                        Empresa y Nº de vuelo o viaje
Company and Nº of flight or voyage                                   Company and Nº of flight or voyage
                                                                     REPUBLICA ARGENTINA
Tarjeta internacional de entrada - salida International card of arrival/departure

Para ser completado en letra de imprenta Complete in printed letter

Apellido/s
Family name
Nombre/s                                              Sexo        Uso Oficial
Name                                                  Sex   M  F  Official Use
Fecha de Nacimiento    Dia      Mes      Año
Date of Birth          Day      Mon      Year
                                th
Nacionalidad
Nacionality
Ocupacion
Occupation
Uso de residencia habitual
Usual residence country
Dirección en Argentina
Residence in Argentina
Tipo y Nº de documento
Tipe and Number of document
Expedido por/Issued by
                              Direccion Nacional de
                                 Migraciones
Sello en Entrada
Arrival Stamp                                                        Sello de Salida
                                                                     Departure Stamp
                                  Uso oficial
                                 Official use
```

```
EL ____ / ____ / ____   NACIONALIDAD: ..........     ESTADO CIVIL: ..........
DOM. PARTIC.: ......................              L.C. - L.E. - D.U.I.: ..........
C.I.: ..............   POLICIA: ..........         MADRE: ..........
PADRE: ..........                                 PERSONERIA (*) ..........
CONYUGE: ..........
ACTIVIDAD: ..........
.......... es apoderado, tutor, albacea, etcétera; indicando las referencias de la documentación presen-
```

2 Observa la lámina central de la unidad y con tu compañero inventa un diálogo entre:
—La Sra. Gómez y el policía del aeropuerto.
—Charo Barrionuevo y el señor de traje azul.
—El señor peruano y Catalina Fuentes.

No es hablar por hablar

1 Repite y pregunta según el modelo.

> (peruano - holandés)
> —¿Eres peruano?
> —No, soy holandés.

2 Acentuación.
Repite y señala la sílaba acentuada.

Co **lom** bia

ma   le   ta
gra   cias
ba   ño
es   tu   dian   te
ven   ta   na
pa   sa   por   te
pe   sos
cuan   to
se   ñor
ho   tel
ta   xi
e   llos
vi   vir
vi   ve

Doctor Pi

Para escuchar y leer:

Policía.—¿Cómo se llama?
Dr. Pi.—Me llamo Dr. Pi, ¿y usted?
Policía.—Soy el policía del aeropuerto.
  ¿Qué hace aquí?
Dr. Pi.—Soy turista.
Policía.—¿Estudia?
Dr. Pi.—No.
Policía.—¿Trabaja?
Dr. Pi.—Sí; soy bioquímico,
  trabajo en un laboratorio.
Policía.—¿De dónde es?
Dr. Pi.—De dj#@&.
Policía.—¿¿De dónde??
  Más despacio por favor.
Dr. Pi.—De Rangún.
Policía.—Ajá... ¿Dónde están
  sus maletas*?
Dr. Pi.—Allí están.
Policía.—Doctor, estas no son
  sus maletas, son las maletas
  del Sr. y la Sra. Gómez.
Dr. Pi.—¡No! ¡Son mis maletas!
Policía.—¿Qué tiene en sus maletas?
Dr. Pi.—Tengo un pullover*,
  dos camisas...
Policía.—¿Qué más?
Dr. Pi.—Un par de zapatos...
Policía.—¿Qué más?
Dr. Pi.—Una caja de cigarrillos*...
Policía.—¿Qué más?

Dr. Pi.—Una lupa...
Policía.—¿¿UNA LUPA??
Dr. Pi.—Sí, soy detective privado. Soy bioquímico y detective privado.
Policía.—¡Ah! ¿Qué más tiene en su maleta?
Dr. Pi.—Un cinturón* y dos calzoncillos*.
Policía.—¿Nada más?
Dr. Pi.—No, nada más.
Policía.—Señor Pi: no son sus valijas*. Aquí tenemos dos vestidos,
cuatro pares de zapatos, dos bombachas*... No son sus maletas, ¡¡usted
es un ladrón!!
Dr. Pi.—No, ¡¡¡Soy el Doctor Pi!!!
Policía.—¡¡¡NO!!! ¡¡AL LADRÓN!! ¡¡Se escapa, se escapa!!

(Continuará.)

Ejercicio del Dr. Pi

1) ¿Qué hace el Dr. Pi?

2) ¿De dónde es el Dr. Pi?

3) ¿En dónde está el Dr. Pi?

4) ¿Qué tiene en su maleta el Dr. Pi?

5) ¿Qué tienen en sus maletas el Sr. y la Sra. Gómez?

¿Verdad o mentira, Dr. Pi?

	V	F
El Dr. Pi es bioquímico.	☐	☐
El Dr. Pi es chileno.	☐	☐
El Dr. Pi es de Colombia.	☐	☐

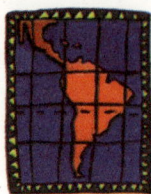

El sur también existe

Buenos días, América

¡Buenas! ¡Buenos días, América! ¿Cómo estás?
¡Muy buenas!
Colombia, Ecuador, Uruguay, Venezuela,
Argentina van creciendo para hacerlo mejor.
Me he despertado susurrando una nueva canción
y mi ventana se llenó de sol,
salgo a buscar el hecho y la razón
de tanta emoción.
¡Buenas! ¡Buenos días, América! ¿Cómo estás?
¡¡¡Muy buenas!!!

Canción de Pablo Milanés (Cuba)

UNIDAD 2

En la calle

Como te decía...

¿Dónde está el hotel?

- —¿A dónde vamos?
- —Vamos al Hotel Conquistador.
- —¿Dónde está el hotel?
- —En la calle Suipacha número 94
- —¿Es lejos?
- —No, es muy cerca, acá nomás*.

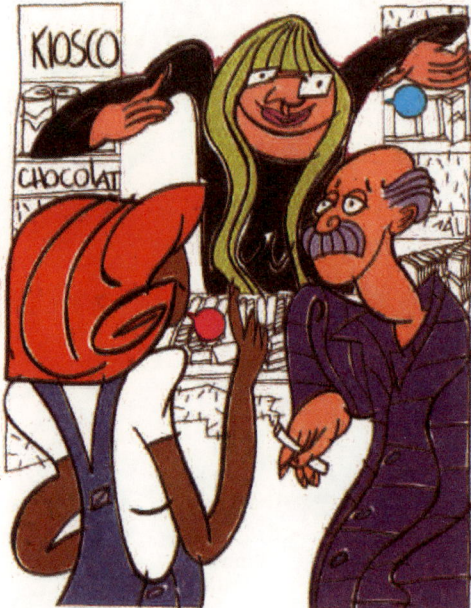

¿Dónde hay un correo?

- —Buenos días. ¿Sabe dónde hay un correo, por favor?
- —Aquí cerca: camine derecho una cuadra*, después doble* a la izquierda y frente a la farmacia está el correo.
- —Muchas gracias, señor.
- —De nada.

De levante*

- —¡Hola! ¿Estás sola?
- —Sí.
- —No *sos* (eres) de aquí ¿verdad?
- —No, soy chilena.
- —Ah. Yo soy uruguayo, pero vivo en Buenos Aires. Me llamo Walter. ¿Y vos?
- —Inés. ¿Quieres tomar un café?
- —Sí.
- —¿Sabes dónde hay un banco por aquí?
- —Sí, a dos cuadras*, frente a la plaza.
- —¿Detrás del Teatro Colón?
- —No. **Cruzás*** la Avenida* 9 de Julio y en la esquina está el banco, al lado del cine. Voy contigo.**¿Querés?**
- —Bueno, pero luego del café.

Teléfono público

- —Buenos días señorita. ¿Puedo usar el teléfono?
- —No, no funciona.
- —¿Sabe dónde hay un teléfono público cerca?
- —Sí, en el hospital.
- —¿Tiene fichas*?
- —No, no tengo. En el kiosco* de la esquina puede comprar fichas.
- —Gracias, muy amable.
- —De nada.

Pensándolo bien

PRESENTE

E → IE

QUERER

QUIERO
QUIERES
QUIERE
QUEREMOS
QUIEREN

O → UE

PODER	**VOLVER**
PUEDO	VUELVO
PUEDES	VUELVES
PUEDE	VUELVE
PODEMOS	VOLVEMOS
PUEDEN	VUELVEN

(Vos) QUERÉS
PODÉS
VOLVÉS

E → IE

TENER

TENGO
TIENES
TIENE
TENEMOS
TIENEN

IR → GO

SALIR	**PONER**
SALGO	PONGO
SALES	PONES
SALE	PONE
SALIMOS	PONEMOS
SALEN	PONEN

ATENCION

(Vos) TENÉS
SALÍS
PONÉS

2) Órdenes: uso del imperativo -AR

	CAMINAR	DOBLAR	GIRAR	CRUZAR
(Tú)	CAMINA	DOBLA	GIRA	CRUZA
(Usted)	CAMINE	DOBLE	GIRE	CRUCE
(Nosotros/as)	CAMINEMOS	DOBLEMOS	GIREMOS	CRUCEMOS
(Ustedes)	CAMINEN	DOBLEN	GIREN	CRUCEN

ATENCION

(Vos)	CAMINÁ DOBLÁ GIRÁ CRUZÁ

3) ¿Cómo pregunto?

a) **¿Dónde + está + el, los ...?**
   ¿Dónde está el Banco Patricios?

b) **¿Dónde + hay + un, una ...?**
   ¿Dónde hay un banco?

ERROR

—¿**Hay** el banco en la esquina?
—¿**Está** un libro sobre la mesa?

c) **¿Sabe / sabes + dónde + ...?**

—¿Sabe dónde está el banco?

—¿Sabes dónde hay una farmacia?

4) ¿Dónde está la señora Gómez?

Está { **frente a** la plaza.
en la esquina.
a dos cuadras del hotel.
cerca de / **lejos de** la iglesia.

¿(Sabes) dónde están mis anteojos?

Están { **detrás de** / **delante de**
al lado **de**
abajo **de** / arriba **de**
sobre / bajo
dentro **de** / fuera **de**
entre el libro y } la caja.

5) ¿Con quién vive Juan?

¿Con quién + verbo + ...?

—¿Con quién está usted?   —Con María.

—¿Con quién trabaja?   —Con Susana.

—¿Con quién estudia Julia? {
—Conmigo.
—Contigo (con vos).
—Con él / con ella.
—Con nosotras / con nosotros.
—Con ustedes.
—Con ellas / con ellos.

—¿Sabes / sabe con quién vive José López? {
—No sé.
—Vive conmigo.
—Vive solo.
—Vive con su mujer.

6) ¿De dónde? ¿A dónde?

ser + de **ir + a**

—¿**De** dónde eres? —**De** Alemania. —Soy alemán.

—¿**A** dónde vas? —Voy **a** Guatemala.

—Soy **de** Alemania y voy **a** Guatemala.

—¿**A** dónde vamos? —Vamos {
  a la playa.
  a comer.
  a tomar un café.

7) Eres simpático *pero...*

—¿Sabes con quién trabaja Inés?
—Trabaja con Julio **pero** vive conmigo.

—¿Eres argentino?
—No, soy mexicano **pero** vivo en Argentina.

8) Vamos *al cine.*

a + el = al

—¿**A** dónde vamos? {
  —**A la** playa.
  —**Al** teatro.
  —**Al** cine.

9) ¿Quieres cenar con nosotros?

querer + verbo en infinitivo

En la Argentina es así:

- —¿Quieres tomar un café?
- —Sí, gracias.

- —¿Quieres ir al cine conmigo?
- —No, no puedo.

- —¿Quiere caminar por el parque?
- —No, ahora no.

- —¿Quiere tocar el piano?
- —¡Claro!

¿QUERÉS TOMAR UN CAFÉ CONMIGO?

10) ¿Puedes cenar con nosotros?

poder + verbo en infinitivo

- —¿Puedo tomar un café aquí?
- —No, ésta es una farmacia.

- —¿Puedo sentarme?
- —Claro, por supuesto.

- —¿Puedo hablar por teléfono?
- —No tenemos.

- —¿Puedo visitar el museo?
- —Sí, pero cierra a las 17 hs.

11) Verbos reflexivos

		VESTIRSE	LAVARSE	PEINARSE
(Yo)	ME	visto	lavo	peino
(Tú)	TE	vistes	lavas	peinas
(Ella / él / usted)	SE	viste	lava	peina
(Nosotros)	NOS	vestimos	lavamos	peinamos
(Ustedes / ellos)	SE	visten	lavan	peinan

ATENCIÓN

(Vos) **TE** vestís
lavás
peinás

MI FAMILIA Y YO NOS LAVAMOS CON JABÓN XX

¡Vamos todavía!

—¿Puedes salir esta noche?
—(Poder, yo) No, no **puedo**. Tengo trabajo en la oficina.

● —¿(Poder, nosotros) _____ jugar a la pelota?

● —Sí. ¡Pero no (cruzar, Imperativo, Uds.)_____ la calle!

● —¿(Poder, yo) _____ llamar por teléfono?

● —Sí, por supuesto.

● —¿(Poder, nosotros) _____ tomar un café en la esquina?

● —No, no (tener, nosotros)_____ dinero.

● —¿Cuántos años (tener, tú)_____?

● —(Tener, yo)_____treinta (30) años.

● —¿Con quién (salir, tú)_____ esta noche?

● —(Salir, yo) _____ con Juan.

● —¿A qué hora (salir, Uds.)_____ del trabajo?

● —(Salir, nosotros)_____ a las siete (7) de la tarde.

● —¿Qué (hacer, tú) _____ ?

● —(Hacer, yo) _____una torta*.

● —¿Dónde (poner, yo)_____esta valija?

● —Sobre la mesa.

¿Dónde	hay está	un el una la	banco? plaza? escuela? correo? baño? café? cine?

3) Completa con *estar* o *haber* en tiempo presente

—¿Dónde _____ la Plaza Congreso?

—¿Dónde _____ un baño?

—¿Dónde _____ el Correo Central?

—¿Dónde _____ un banco?

—¿Dónde _____ una escuela?

—¿Dónde _____ el Banco Río?

—¿Dónde _____ la mamá de Juan?

—¿Dónde _____ un carnicero?

4) Une con flechas

—¿Sabes con quién vive Augusto?
—¿Sabes dónde hay un banco?
—¿Sabes dónde están los chicos*?
—¿Dónde pongo este libro?
—¿Sabes a dónde viajan?
—¿Qué hace Ruth?
—¿Dónde está la farmacia?
—¿De dónde es John?
—¿A dónde va Enrique?

—En el café.
—Sobre la mesa.
—Se lava las manos.
—Allí, frente al cine.
—De California.
—Con Pedro.
—Hay uno en la esquina.
—Al mercado.
—A Europa.

frente a / al
en la esquina
al lado de
entre
a la izquierda

La plaza está _____ al banco.

El correo está_____ .

El bar está _____ la escuela.

El cine está _____ el hotel y el restaurante.

Hay un kiosco*_____ del teatro.

6) Mira el plano y construye dos frases con:

cerca de
lejos de

_____

_____

7) Sales con tu compañero del cine

Mira el plano e indícale cómo puede llegar (utiliza el imperativo):

- a la escuela
- al almacén*
- a la iglesia
- al teatro
- a la farmacia

8) Completa con

conmigo
contigo (con vos)
con ella/él/ellas/ellos
con nosotros
con ustedes

● —Yo vivo con mi hermana. Ella vive _____

● —Comemos a las nueve. ¿Quieres comer _____ ?

● —Voy al mercado.

● —Bueno, voy _____

● —Mis hermanos juegan al tenis. ¿Quieres jugar _____ ?
● —No, siempre juego con Gustavo.

● —¿Puedo tomar una cerveza _____?
● —Sí, ven con nosotros.

● —¿María Elisa trabaja con la doctora Duarte?
● —No, no trabaja más _____

—Yo (querer) pero no (poder).

—Yo **quiero** pero no **puedo**.

—Él (poder) pero no (querer).

—_____

—Nosotros (querer) y (poder).

—_____

—Tú (querer) y no (poder).

—_____

—Ustedes no (querer) y (poder).

—_____

—Ellos no (poder) pero (querer).

—_____

10) Construye oraciones similares con

comer / beber
estudiar / trabajar

_____

_____

11) Completa con el verbo correspondiente

escribir
comer
salir
beber
estudiar

Quiero _____ un bife* con ensalada.

Queremos _____ ginebra.

¿Quieres _____ conmigo?

¿Quieren _____ historia?

Quiere _____ una carta a Walter.

12) Completa con

a - al
de - del
con -
Ø

—¿**De** dónde son?
—**De** Canadá.

● —¿___ dónde vas?

● —___pasear?

● —¿___ dónde eres?

● —___Holanda.

● —¿___ quién sales esta noche?

● —___ Ernesto Rodríguez.

● —¿___ dónde son?

● —¿___ apartamento* 301?

● —¿___ dónde vamos?

● —___ cine.

● —¿___ Quién es ella?

● —___ Rosa Bermúdez.

● —¿___ quién vive?

● —___ellos.

13) Lee el siguiente texto y contesta las preguntas

—¡Hola! Soy Susana Bianchi. Tengo tres hermanos: Juan, Ana y Laura. Ana vive conmigo. Vivimos en Buenos Aires, en el centro, frente a la Plaza Congreso. Estudio medicina y trabajo en una farmacia. Quiero ser pediatra.

¿Cuál es el apellido de Susana?_____

¿Cuántos hermanos tiene?_____

¿Con quién vive? _____

—¿Dónde está su casa?_____

—¿Qué hace?_____

—¿Quiere ser dentista?_____

14) Escribe un texto similar sobre ti mismo

_____

_____

_____

_____

_____

_____

15) Transforma las oraciones según el modelo

(Tú) ● —¿Quieres tomar un mate con nosotros?

(Vos) ● —¿**Querés tomar un mate con nosotros?**

(Tú)   ● —¿A qué hora sales del trabajo?

(Vos) ● —_____

(Tú)   ● —Quieres pero no puedes.

(Vos) ● —_____

(Tú) ● —Mi hermano no está. Vuelve a llamar más tarde.

(Vos) ● —_____

(Tú) ● —¿Cuántos años tienes?

(Vos) ● —_____

(Tú) ● —¿Tú eres Juan Rodríguez?

(Vos) ● —_____

(Tú) ● —Pon el pan sobre la mesa.

(Vos) ● —_____

16) Completa según el dibujo

   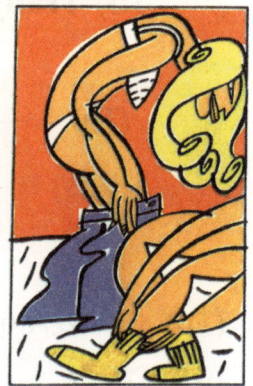

(lavarse)	(peinarse)	(lavarse)	(vestirse)
Juan __ _____ los dientes.	Laura y Ana ___ _____ frente al espejo.	Yo __ _____ las manos.	Nosotras ___ _____ rápido.

17) Completa con los verbos reflexivos

—Los niños son grandes, (vestirse) _____ solos.

—¿Qué hace Irene?

—(Lavarse) _____ las manos.

—¿Dónde están los chicos*?

—(Secarse) _____ las manos en el baño.

—¿Qué hacés frente al espejo?

—(Peinarse) _____

18) De acuerdo con lo afirmado en el ejercicio anterior, señala con verdadero o falso las siguientes oraciones

	V	F
Los chicos se lavan las manos en la cocina.	❏	❏
Irene se peina.	❏	❏
Los niños no se visten solos.	❏	❏
Yo me lavo la cara frente al espejo.	❏	❏

¡No me digas!

1 Un amigo extranjero llega por primera vez a tu ciudad. Explícale cómo llegar desde tu casa a:

—la parada de colectivo* —la librería
—el banco —el mercado
—la farmacia —el correo
—la panadería

2 Mira la lámina de la página central y haz preguntas sobre los personajes. Utiliza:

¿Sabes {
dónde hay .... ?
dónde está .... ?
con quién está .... ?
de dónde .... ?
a dónde .... ?
}

La ciudad es nuestra.

Disco forma parte del paisaje cotidiano. Por eso sus locales, ubicados estratégicamente en cada barrio de Buenos Aires, ya son un clásico.

Como los óvalos rojos que los identifican. Y como los chicos de Entrega a Domicilio que recorren las calles, todos los días, para llevar las compras de nuestros clientes hasta sus propias casas.

Porque el servicio y la atención de Disco se extienden más allá de nuestras puertas. Por eso decimos que estamos cada día más cerca suyo. Siempre a la vuelta de su casa. Y por eso cada vez son más los clientes que se acercan a Disco. Porque toda la calidez, el servicio y la mejor atención ya forman parte de nosotros.

Como la ciudad.

Cada día más cerca suyo **Disco**

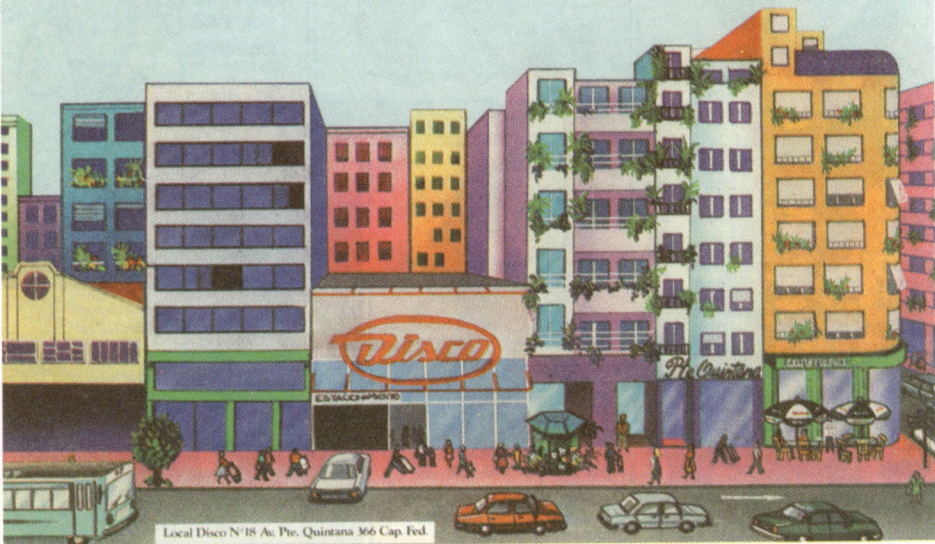

Local Disco N°18 Av. Pte. Quintana 366 Cap. Fed.

No es hablar por hablar

1 Formula la pregunta. Utiliza **¿Dónde hay? ¿Dónde está?**

un banco —¿Dónde hay un banco?

la plaza   —¿Dónde está la plaza?

2 Escucha y marca la sílaba acentuada:

calle	numero	correo	frente a
banco	plaza	avenida	muy cerca
de nada	¿Quieres ir?	esquina	a la izquierda
bonita*	¿Donde esta?	lejos	a la derecha
detras de	conmigo		

3 Escucha e indica en el plano de Buenos Aires.

Doctor
Pi

¡UGH!

Dr. Pi.—¡Buenos días, señorita!

Srta.—Buenos días, señor.

Dr. Pi.—Soy turista y quiero ir
al obelisco.

Srta.—¡Pero señor! Mire, está
junto a usted.

Dr. Pi.—¿Dónde? ¿Frente a la plaza?

Srta.—¡No! ¡No! Camine conmigo dos pasos adelante.¡Venga!

Dr. Pi. —¿Eh? ¿Qué quiere hacer? ¿Quién es usted?

Srta.—Pero ¿qué pasa? ¿Quiere ver el obelisco señor? No mire a la
izquierda, el obelisco esta aquí, a la derecha.

Dr. Pi.—Oh, sí,sí pero... ¿Quiénes son esas señoritas, allí enfrente?

Srta.—¡Qué sé yo!

Dr. Pi.—¿Cómo? ¿no es la señorita Barrionuevo?

Srta.—¡No sé señor! Cruce y pregunte.

Dr. Pi.—Sí, claro,¡Señorita!¡¡señorita!!!!!

Srta.—¡Señor! ¡¡Cuidado!!!!!

Srta.—¡Llamen a un médico, por favor!.

Dr.—Yo soy médico, ¿qué pasa?

Dr. Pi.—...eeeh... No, no es nada... ¿Cómo se llama?

Dr.—¿Cómo me llamo? Segura, Dr. Segura, pero no hable mmm a ver... ¿Puede mover los brazos?, ajá... ahora mueva la pierna derecha... Bien, bien... ya puede levantarse.

Dr. Pi.—Bueno, ...¿La señorita Barrionuevo dónde está?

Dr.—No hable señor, ¡por favor!

Dr. Pi.—¡Quiero saber dónde está la señorita Barrionuevo! ¿Está con usted?

Dr.—¡¿Conmigo?! no... Pero... espere señor, ¡¡no se levante!! ¡Regrese!

Dr. Pi.—Señorita, señorita Barrionuevo, quiero hablar con usted...

(Continuará.)

Ejercicio del Dr. Pi

Escucha y contesta.

	V	F
1.	☐	☐
2.	☐	☐
3.	☐	☐
4.	☐	☐
5.	☐	☐

El sur también existe

LA ÚLTIMA CURDA

Lastima, bandoneón, mi corazón
tu ronca maldición maleva;
tu lágrima de ron
me lleva
hacia el hondo bajo fondo
donde el barro se subleva.
Ya sé, no me digás,
tenés razón,
la vida es una herida absurda
y es todo, todo tan fugaz
que es una curda, nada más,
mi confesión.

Contáme tu condena,
decíme tu fracaso,
no ves la pena que me ha herido,
y hablame, simplemente
de aquel amor ausente
tras un retazo del olvido.
Yo sé que te lastima,
yo sé que te hace daño
llorarte mi sermón de vino

pero es el viejo amor
que tiembla bandoneón,
buscando en un licor que aturda
la curda que al final
termine la función
poniéndole un telón al corazón.

Un poco de recuerdo y sinsabor
gotea tu rezongo lerdo;
marea tu licor
y arrea
la tropilla de la zurda
al volcar la última curda.
Cerráme el ventanal
que quema el sol
su lento caracol de sueño,
no ves que vengo de un país
que está de olvido siempre gris
tras el alcohol.

Contáme tu condena
etc.

Letra: Cátulo Castillo
Música: Aníbal Troilo

Te quiero, país tirado más abajo del mar, pez panza arriba,
pobre sombra de país, lleno de vientos,
de monumentos y espamentos

La Patria, Julio Cortázar

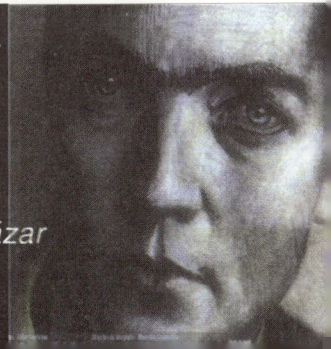

UNIDAD 3

En el mercado

Como te decía...

¿Cuánto vale?

- —¿Cuánto vale esta pollera*?
- —Cuarenta mil pesos.
- —¿Te gusta?
- —Sí, pero es muy cara.
- —¿Y esa otra?
- —¿Cuál?
- —Aquélla, la roja...
- —Ésa es más barata. Vale treinta y cinco mil pesos*.
- —¿La compramos?
- —Sí, me gusta mucho.

Vamos a la feria

- Walter: —Quiero ir a la feria Tristán Narvaja.
- Inés: —¿Y qué hay ahí?
- Walter: —¡Hay de todo! Es un "mercado de pulgas" y e barato. ¿Vamos?
- Inés: —¡Bueno, vamos!

De compras

- —Quiero una cartera* negra.
- —¿De qué tamaño? ¿Grande o pequeña?
- —Más o menos. Mediana.
- —¿Es para usted?
- —No, para mi hija. Tiene 18 años y vive en Chile. La voy a visitar la semana próxima.
- —¡Ah! Mire, tengo estos dos modelos, ¿cuál prefiere?
- —Me gusta ésta, es la más linda.
- —¿Algo más?
- —Sí, quiero papel de carta.
- —No, para comprar papel de carta debe ir a la librería.

En la verdulería

- —Quiero dos kilos de papas*.
- —¿Qué más?
- —...medio kilo de tomates*... y un kilo de manzanas.
- —¿Algo más?
- —No, nada más. ¿Cuánto es?
- —Son doscientos ochenta pesos... También tengo naranjas muy ricas, naranjas del Paraguay. ¿Quiere?
- —No, gracias, voy a comprar mañana.

Joyas

- —Quiero comprar un par de aros* de plata.
- —No tengo de plata. Sólo hay de alpaca.
- —¿Cuánto valen éstos?
- —Veinte mil pesos.
- —¡Uy, son muy caros!
- —¡Dieciocho mil y son suyos!
- —Está bien, gracias.

Es más barato

- —¡Compra esa muñeca para Rosalía!
- —En este puesto los juguetes son más baratos.

- —¿Dónde venden artesanías?
- —Allá, en aquel puesto*. El segundo a la derecha.

Pensándolo bien

1) Verbos: tiempos del futuro

PRESENTE   **FUTURO PRÓXIMO**

FUTURO PRÓXIMO: IR (presente) + A + INFINITIVO

FUTURO PRÓXIMO	**IR** (presente) + **A** + INFINITIVO		
Mañana	**VOY**	**A**	COMER
La semana próxima	**VAS**	**A**	SALIR
El lunes	**VA**	**A**	VIAJAR
	VAMOS	**A**	ESTUDIAR
	VAN	**A**	LEER

Mañana **voy a** viajar a París.

La semana próxima **vas a** comer langosta.

Esta noche Laura **va a** salir con Ernesto.

El domingo **vamos a** pintar el salón.

En octubre **van a** comenzar los exámenes.

¿TE GUSTA BAILAR TANGO?

2) ¿Te gusta el mate amargo?

Pronombre + verbo GUSTAR

(a mí)	ME		**gusta** (mucho)	el pantalón azul.
(a ti / vos)	TE			aquel libro verde.
(a él / ella / Ud.)	LE			aquel señor mayor.
(a nosotros)	NOS			beber vino blanco.
(a ellos / ellas / Uds.)	LES		**gustan** (mucho)	bailar tango.

- el pantalón azul.
- aquel libro verde.
- aquel señor mayor.
- beber vino blanco.
- bailar tango.

gustan (mucho)
- los libros de poesía.
- los hombres altos.
- esos zapatos blancos.

3) ¡No me gusta!

Me gustan **mucho** las novelas de detectives.
No me gustan **mucho** las novelas de detectives.
Me gustan **poco** las novelas de detectives.
No me gustan **nada** las novelas de detectives.

4) A mí también / A mí tampoco

- —Me gusta **mucho** la novia* de Pepe.
- —A mí **también**.

- —**No** me gusta **nada** la novia de Pepe.
- —A mí **tampoco**.

ESTE ES MI PADRE.

A MÍ TAMPOCO.

NO ME GUSTA.

5) ¡Están muy baratas!

muy + adjetivo

Es	muy	linda* grande cara	fea chica* barata

muy + adverbio

Escribe	muy	mal rápido	bien despacio

ATENCION

mucho + nombre

Hace **mucho** frío / calor.

Tengo **muchos** pantalones.

Leemos **muchos** libros.

6) Esto no es muy difícil

MASCULINO	SINGULAR	este / ese / aquel	libro	es	(muy) lindo.
	PLURAL	estos / esos / aquellos	libros	son	(muy) caros.
FEMENINO	SINGULAR	esta / esa / aquella	mujer	es	(muy) grande.
	PLURAL	estas / esas / aquellas	mujeres	son	(muy) delgadas.
NEUTRO		esto / eso / aquello		es	(muy) lindo.

AQUELLAS SON MAS DELGADAS.

7) ¡Lo quiero!

Quiero **ese bolso. Lo** quiero.
Quiero **una camisa. La** quiero.

No compro **estos zapatos**. No **los** compro.
No compro **esas faldas**. No **las** compro.

Voy a comprar **una manzana. La** voy a comprar.
Voy a comprar**la**.

Voy a comprar **aquellos juguetes. Los** voy a comprar.
Voy a comprar**los**.

Irene mira a **la mujer** de falda negra. Irene **la** mira.
Irene mira a **la** de falda negra.

¿Cuál es **la madre** de Jorge? **La** del sombrero verde.

8) ¿Para quién es esa camisa?

—¿**Para quién** es esa torta?

(Es) **para** {
mí, ti / vos, él, ella, usted, nosotros...
Juan, Elisa, los Gómez.
mi hermana, tu amiga, sus hijas.
}

9) ¿Y esto para qué sirve?

Para + INFINITIVO

(Sirve) **para** {
jugar al tenis.
escribir.
pintar.
hacer café.
}

10) ¿Cuánto pesa, cuánto mide?

Un **kilo de**... ⎰ pan, tomates,
Medio kilo **de**... ⎱ papas*, zanahorias.

Dos **litros de**... ⎰ vino, agua,
Medio litro **de**... ⎱ cerveza, jugo.

Tres **metros de**... ⎰ hilo, tela,
Un **metro y medio de**... ⎱ cable.

11) ¡¿Cuántos años tiene?!

0	cero
1	uno
2	dos
3	tres
4	cuatro
5	cinco
6	seis
7	siete
8	ocho
9	nueve
10	diez
11	once
12	doce
13	trece
14	catorce
15	quince
16	**dieci**séis
17	**dieci**siete
18	**dieci**ocho
19	**dieci**nueve
20	veinte

➜ veintiuno   21
veintidós   22
veintinueve   29

30	treinta	treinta **y** uno	31
40	cuarenta	cuarenta **y** dos	42
50	cincuenta	cincuenta **y** siete	57
60	sesenta		
70	setenta		
80	ochenta		
90	noventa		
100	cien	ciento uno	101
200	doscientos/tas	doscientos veinte	220
300	trescientos/as		
400	cuatrocientos		
500	**quinientos**		
600	seiscientos		
700	**sete**cientos		
800	ochocientos		
900	**nove**cientos		
1000	mil	mil uno	1001
2000	dos mil	dos mil cuatro	2004

27	veintisiete
42	cuarenta y dos
592	quinientos noventa y dos
789	setecientos ochenta y nueve
27.825	veintisiete mil ochocientos veinticinco

12) La primera vez

El / la
- **primero/a** (1ro) de la clase
- segundo (2da) árbol
- **tercero/a** a la izquierda (3ro)
- cuarto/a (4to) a la derecha
- quinto/a (5to) de la clase
- sexto/a (6ta) cuadra
- séptimo (7ma) avenida
- octavo (8vo) asiento
- noveno (9no) puesto
- décimo (10mo) lugar
- último/a de la fila

ATENCION

el tercer hombre
el primer piso

¡Vamos todavía!

1) Completa

Walter.—Éste es mi padre.

Inés.—¿Cómo se llama?

Walter.— _____ _____ Ignacio.

Inés.—¿Y esos _____ _____?

Walter.—_____ _____ hermanos, Raúl y Pedro.

Inés.—¿ _____ años _____?

Walter.—Raúl (25) _____ años y

    Pedro (29) _____

Mi nombre es Ignacio Rossi. Mi esposa se llama Gabriela. Tenemos cuatro hijos; tres varones y una nena*: Raúl, Pedro, Walter y Analía. Mi papá —Wilson— es carpintero, y mi madre —Juliana— es pintora. Mi hermana —Marcela— vive en México y mi hermano Julián es soltero y vive con mis padres.

3) Ahora describe a tu familia

_____

_____

_____

_____

_____

4) Une con flechas

A él				el pescado.
A Ud.	se			esos zapatos.
A nosotros	nos	gusta	mucho	comer aquí.
A ella	me			los hombres altos.
A ustedes	les			cocinar.
A ti (a vos)	te	gustan	∅	gastar dinero.
A ellos	le			estos cuadros.
A mí				aquel pintor.

5) Responde a tu compañero. Utiliza

—A mí sí.
—A mí no.
—A mí también.
—A mí tampoco.

● —A mí me gustan las artesanías uruguayas.

● — _____

● —A mí no me gusta ese cinturón.

● — _____

● —Me gusta mucho correr en la playa.

● — _____

● No nos gusta viajar en avión.

● — _____

● Le gusta mucho la poesía.   .

● — _____

● No me gusta el rock.

● — _____

● Nos gusta mucho Jaime Roos.

● — _____

● Me gustan los chivitos* uruguayos.

● — _____

6) Une con flechas

¿Para **qué** sirve?

la esponja		lavar
el martillo		caminar
la cacerola*		cortar
el cuchillo	para	clavar
las zapatillas*		cocinar
los zapatos		correr

¿Para **quién** es?

la tenaza		Rubén Paz.
la pelota de fútbol		el cocinero.
el pincel	para	el tenista.
las naranjas		el plomero*.
la raqueta		el verdulero.
el cucharón		el pintor.

7) Reemplaza según el modelo

> Mañana María va a comprar **las camisas**.
> Mañana María va a comprar**las.**

Las hijas de don Miguel Estévez van a escribir **su biografía**.

_____

La semana próxima vamos a leer **el último cuento de Onetti**.

_____

Mañana, el tío de Guillermo va a pintar **el retrato de Artigas**.

Mi madre va a comprar **un pullover*** en "Manos del Uruguay".

El próximo fin de semana, Sara va a cambiar **los muebles** de su pieza*.

El martes van a acompañar **a los Gómez** al aeropuerto.

8) Completa las oraciones según el modelo

> Estos pantalones son muy caros.
>
> **Los** quiero **más** baratos.

● —Aquellas zapatillas son muy grandes.

● —_____ quiero _____ pequeñas.

● —Esos autos son muy lentos.

● —_____ quiero mucho _____ rápidos.

● —Esa lana es muy delgada.

● —_____ quiero mucho _____ gruesa.

● —Este color es muy oscuro.

● —_____ quiero mucho _____ claro.

ESTE COLOR ES MUY OSCURO

9) Coloca el verbo en el tiempo que corresponda

> Juan (IR) **va a ir** al cine la semana próxima porque hoy no (TENER) **tiene** dinero.

1.—Hoy (comer) _____ contigo, pero mañana (comer) _____ con Gabriela.

2.—A la tarde (ir)_____ al teatro con ustedes.

3.—¿Quieres cenar esta noche conmigo? Mañana (viajar) _____ a Alemania.

4.—Ahora quiero dormir. Más tarde (preparar) _____ la comida.

5.—Gabriela (tener) _____ 35 años y (tener) _____ un hijo en octubre.

6.—¡Camina más rápido porque el tren (salir) _____ a las 15 horas y (ser) _____ la una de la tarde.

7.—La semana próxima (comprar) _____ las entradas para el recital de Jaime Roos.

8.—Siempre (perder) _____ las llaves. (Dejar) _____ una copia en tu casa.

María por favor compre=
.... de tomates
.... litros de
.... dos .... de
de arvejas,*
fósforos, ... de mayonesa.
Hay dinero sobre la heladera. Gracias
Susana

● —_____ manzanas son muy buenas, pero _____son mucho más baratas.

● —_____ melón cuesta mucho dinero. Compremos _____ bananas.

● —En _____ puesto hay mucha gente.

● —_____ hombre se llama Raúl Tramayo, y _____ es su hija Fernanda.

● —_____ restaurante es muy caro pero la comida es muy sabrosa*.

12) ¿Quién es quién?

Estos son los hijos e hijas de René. Abajo, el primero a la izquierda es Martín. Al lado de Martín está Santiago. En la segunda fila, a la derecha está Francisco, a su izquierda está Manuel y al lado, Victoria. En la tercera fila, la primera a la izquierda es Mora. El de buzo verde se llama Nicolás y el más alto es Diego. Carmen está a la derecha de Diego.

¡Cuántos hijos tiene René!

13) Une con flechas

		rápido.
Es	muy	libros.
		frío.
Hace	mucho	alta.
Tenemos	muchos	amigas.
		despacio.
		pantalones.
Corre	muchas	calor.
		flores.

14) Completa con   nada   mucho

¿Te gusta mi nuevo peinado?
No, no me gusta nada.
Sí, me gusta mucho.

● —¿Te gusta el pescado relleno?

● —Sí, _____ . Es muy rico*.

● —¿Le gusta la música de cámara?

● —Sí, _____ . Esta noche hay un concierto de la
Orquesta de Cámara de Montevideo.

● —¿Le gusta a Martín dormir la siesta todas las tardes?

● —No, _____ . ¡Él toca la guitarra todas las tardes!

● —¿Les gusta el nuevo profesor de literatura?

● —No, _____ . Es muy aburrido, pero tampoco nos gusta la
profesora de matemática. Es muy antipática.

15) Transforma en números o letras

15 ____

27 ____

222 _______________________________________

191 _______________________________________

7516 ______________________________________

22.897 _____________________________________

59.924 _____________________________________

18.580 _____________________________________

veinticinco __________

noventa y tres ________

ciento dieciocho _______

dos mil cinco _________

setenta y un mil trescientos noventa y nueve __________

16) Escribe con letras

El año en que naciste.

____

Tu edad.

____

El año de la llegada de Colón a América.

____

¡No me digas!

1 Tú vas al almacén o a la verdulería y tu compañero es el almacenero o el verdulero. Crea con él un diálogo.

2 Cuenta a tus compañeros lo que haces en la semana y lo que vas a hacer el próximo fin de semana.

3 Elige un lugar para tus vacaciones. ¿Cuál te gusta más y por qué?

4 Este fin de semana puedes viajar a Uruguay. Elige una ciudad de destino, compara precios y modalidades de la excursión.

Precios congelados

COLONIA

2 DIAS, 1 NOCHE Dde .... $ 90.-*

Viajando en el Nuevo Eladia Isabel. Incl. pasaje, 2 comidas, 1 desayuno, City Tour y traslados.

UN DIA INOLVIDABLE ..... $ 25.-*

Incluye pasaje i/v. en el Nuevo Eladia Isabel, sábado o domingo, almuerzo y City Tour.

UN DIA DE LUJO Dde .... $ 38.-*

Incluye pasaje, gran almuerzo con mesa de platos fríos en el Hotel Mirador y City Tour.

COLONIA SUIZA

2 DIAS, 1 NOCHE .... $ 151.-*

Hotel Nirvana. Incluye pasaje ida y vuelta, 3 comidas, 1 desayuno.

4 DIAS, 3 NOCHES .... $ 241.-*

1/2 pensión, Pasaje ida y vuelta.

Aborde los mejores precios del Uruguay y páguelos hasta en 12 cuotas, con la mejor financiación. Con Argencard y MasterCard.

Consulte otros destinos y precios para menores. Precios por persona, base doble.

* Los precios de paquetes a R.O.U. incluyen complemento para embarque

Consulte a su agente de viajes

BUQUEBUS OPERATOR

Av. Córdoba 867 • Atención Agencias
Tel. 313-5500

---

5   Observa la lámina central de la unidad.

a) Comenta a tus compañeros cuáles son los persona-jes que ya conoces, cómo se llaman e imagina a qué se dedica cada uno.

b) ¿Qué se puede comprar en esta feria? Menciona diez productos. ¿Cuál te parece más barato? Elige uno para regalar a un amigo o amiga y explica por qué.

No es hablar por hablar

1   Repetición: pregunta y responde según el modelo.

zapatos-botas
—¿Te gustan esos zapatos?
—No, no me gustan. Me gustan más las botas.

2   Completa con: a mí también / a mí tampoco.

3   Escribe lo que escuchas:

Doctor Pi

¡ALTO AHÍ!!

Empleado.—¡¡¡Cuidado señor!!! (*&#@). ¿Se siente bien? ¿Lo ayudo?
Dr. Pi.—Sí, gracias... muy amable.
Empleado.—¿Tiene algún problema?
Dr. Pi.—Sí, soy detective y veo un sospechoso aquí.
Empleado.—¿¿Aquí?? ¡¿Un ladrón?!

Dr. Pi.—Sí, mire a aquella pareja... ¿la ve? Está en la caja...

Empleado.—¡Vamos! ¡Rápido! Señora, señor, disculpen pero vamos a controlar sus compras.

Señor Pérez.—P..PP..Pero ¿por qué?

Empleado.—¡No pregunte y abra la bolsa, por favor!

Sra. Pérez.—Aquí tengo una lata de aceite, dos paquetes de yerba y tres kilos de papas.

Cajera.—Son quinientos pesos nada más...

Empleado.—¡Oh, perdonen! Es un error. Aquel señor... ¡Eh! ¿Dónde está? ¡Señor! Venga.

Dr. Pi.—Sí, ¿qué pasa?

Empleado.—¡Oh, no! ¡Cuidado! ¡Va a tirar todo otra vez! Y ahora,¿a quién mira?

Dr. Pi.—A esa mujer.

Empleado.—¿A la gorda?

Dr. Pi.—No, a la que está al lado de la gorda. A la de camisa con flores.

Empleado.—Sí, yo la conozco.

Dr. Pi.—Mmmmmm ajá...

Empleado.—¿Y por qué la mira? ¿Le gusta o es sospechosa también?

Dr. Pi.—Bueno, es muy linda pero... ¿Con quién vive? ¿Con quién trabaja? ¿Qué hace? ¡Deténgala ya mismo!

Empleado.—Pero señor, ¿Por qué? No podemos detener a todo el mundo. Es una cliente de muchos años.

Dr. Pi.—Claro, claro. Ya entiendo. Usted está de acuerdo con ella en este asunto. No importa, yo voy a ir a hablar con la mujer... ¡Señorita! ¡Usted, la de camisa de flores! ¡Alto ahí! ¡Es una orden!

Empleado.—¡Cuidado! ¡¡las latas!! ¡Tenga cuidado! (*&@#).

(Continuará.)

Ejercicio del Dr. Pi

Escucha y escribe la respuesta:

1. _____

2. _____

El sur también existe

Eduardo Galeano

Celebración de la amistad / I

En los suburbios de La Habana, llaman al amigo *mi tierra* o *mi sangre*.

En Caracas, el amigo es *mi pana* o *mi llave*: *pana*, por panadería, la fuente del buen pan para las hambres del alma; y *llave* por...

—Llave, por llave —me dice Mario Benedetti.

Y me cuenta que cuando vivía en Buenos Aires, en los tiempos del terror, él llevaba cinco llaves ajenas en su llavero: cinco llaves, de cinco casas, de cinco amigos: las llaves que lo salvaron.

Eduardo Galeano,
El libro de los abrazos

Mario Benedetti

Pedro Figari

UNIDAD 4

En la fiesta

Como te decía...

Bienvenidos

- —¡Bienvenidos a Chile! ¿Cuándo salieron de Guatemala?
- —Salimos la semana pasada. Primero fuimos a Buenos Aires, después fuimos a Montevideo y el jueves vamos a ir al sur de Chile.
- —¿Van a ir a Valparaíso?
- —Sí, vamos a Valparaíso en tren.

De paseo por Santiago

- —¿Fueron al Cerro Santa Lucía?
- —No, todavía no. ¿Dónde está?
- —Está en el centro. Tome el metro* y baje en la estación Santa Lucía. También tiene que ir al Cerro San Cristóbal y al parque O'Higgins. Es muy interesante.
- —Fuimos ayer, caminamos todo el día y volvimos muy cansados. También estuvimos en un museo...
- —¿En cuál?
- —En uno que tiene unas fuentes frente a la puerta.
- —¡Ah! el Museo de la Iglesia de San Francisco.

Conoces a...

- —¿Conoces al Profesor Gutiérrez?
- —Sí, lo conocí el año pasado. Fue nuestro profesor en la Universidad. Es chileno pero vivió muchos años en Alemania.

¡A la mesa!

- —¿Qué es esto?
- —Son mariscos. Éstas son cholgas, ésos son "locos" y aquéllas, jaivas*.
- —Mmmm. ¡Qué rico! ¿Quién cocinó?
- —Cocinó Víctor, el pololo* de Mariela. Aquél del chaleco* rojo.
- —¿Y eso qué es?
- —Centollas.

En la fiesta

- —¿Quiénes son ésos?
- —¿Quiénes?
- —Los que están al lado de Mariela.
- —Son sus padres.

De compras

- —¡Qué lindos zapatos! ¿Dónde los compraste?
- —Los compré en "Almacenes París".
- —Yo también tengo que comprar zapatos. Voy a ir pasado mañana.
- —Pasado mañana es domingo. Ve mañana.

- —¿Quién es esa mujer?
- —¿Cuál?
- —La del sombrero verde.
- —No veo a nadie con un sombrero verde.
- —Sí, la que está junto a la "cabra chica*".
- —¡Ah! Es la esposa del profesor Gutiérrez.

Pensándolo bien

1) Verbos. Tiempos del pasado: Pretérito Indefinido

PRET. INDEFINIDO   PRESENTE   FUTURO PRÓXIMO

a) verbos regulares

	-AR	-ER / IR
Ayer	HABLÉ	VIVÍ
La semana pasada	HABLASTE	VIVISTE
El invierno pasado	HABLÓ	VIVIÓ
En 1942...	HABLAMOS	VIVIMOS
Hace dos días	HABLARON	VIVIERON

ATENCION

PRESENTE	(nosotros)	PRET. INDEFINIDO
	→ hablamos ←	
(Hoy)	→ compramos ←	(Ayer)
	→ salimos ←	
	→ vivimos ←	

b) verbos irregulares

ESTAR	TENER	PODER	PONER	QUERER
estuve	tuve	pude	puso	quise
estuviste	tuviste	pudiste	pusiste	quisiste
estuvo	tuvo	pudo	puso	quiso
estuvimos	tuvimos	pudimos	pusimos	quisimos
estuvieron	tuvieron	pudieron	pusieron	quisieron

2) ¡Yo no fui!

SER presente	→	pretérito indefinido	←	IR presente
soy eres/sos es somos son		**fui** **fuiste** **fue** **fuimos** **fueron**		voy vas va vamos van

—Yo no fui a la fiesta de Juan.
—Yo no fui gordo nunca.
—¿Quién rompió el jarrón?   —¡¡Yo no fui!!

3) ¡Tengo que bajar de peso!

Tener + que + INFINITIVO (obligación)

Mañana **tengo que ir a comer** con Silvia.

Ayer **tuve que ir** al médico.

¿Voy a **tener que esperar** mucho?

¿ CUÁL ES SU HIJO, DR. PÉREZ?

Aquel que tiene una camisa amarilla es mi hijo.

El que tiene una camisa amarilla es mi hijo.

EL MÍO ES EL QUE ESTÁ DETRÁS DE LA PUERTA.

Mi hijo es **el / aquél** **que** tiene una camisa amarilla.

Mariela es **la / aquélla** **que** tiene un sombrero.

Los Gómez son **los / aquéllos** **que** toman café.

5) ¡¡Todo lo mío es tuyo!!

Ese es $\begin{cases} \textbf{mi} \\ \textbf{tu} \\ \textbf{su} \\ \textbf{nuestro} \\ \textbf{su} \end{cases}$ lápiz. Es $\begin{cases} \textbf{mío.} \\ \textbf{tuyo.} \\ \textbf{suyo.} \text{ (de él/ella/usted)} \\ \textbf{nuestro.} \text{ (de nosotros)} \\ \text{(De ellos/ellas/ustedes)} \end{cases}$

Esos **son** {
   mío**s**.
   tuyo**s**.
   suyo**s**.
   nuestro**s**.
   de ellos, ellas, ustedes.

Nuestros boletos* son para el concierto de los Inti Ilimani. Los **suyos** son para el debut de Julio Bocca.

—¿Dónde pusiste **mis** llaves?
—Sobre **mi** escritorio.
—¡Estas llaves no son **mías**, son **tuyas**!

6) Uno / alguno / ninguno

—¿Tienes un cigarrillo?   —Sí, tengo **uno**.
—¿Tienes cigarrillos?   —Sí, tengo **algunos**. } —No, no tengo **ninguno**.

—¿Tienes una lapicera?   —Sí, acá tengo **una**.   —No, no tengo **ninguna**.

7) Algún / ningún

Ninguno + ∅
Ningún + Nombre (singular)

—¿Tienes **algún** libro de Donoso? {
—No, no tengo **ningún** libro de Donoso.
—No, no tengo **ninguno**.
—Sí, tengo **uno**.

—¿Tienes **algunos** lápices? { —Sí, tengo **algunos**.
—No, no tengo **ningún** lápiz.
—No, no tengo **ninguno.**

—¿Tienes **alguna** foto suya? { —No, no tengo **ninguna** foto.
—No, no tengo **ninguna**.

—¿Tienes **algunas** revistas? —No, no tengo **ninguna**.

No tengo ninguna lápiz.
No tengo ningún lápices.

8) Alguien / nadie   algo / nada

Personas	Cosas
¿Hay **alguien** aquí?	¿Hay **algo** aquí?
No hay **nadie.**	No hay **nada**.

—¿Conociste a **alguien** en Uruguay?
—¡No! No conocí **a nadie**.
—¡Yo sí! Conocí **a Walter**.

—¿Leíste **algo** interesante ayer?
—No leí **nada** porque fui al cine con Inés.

¡Yo sí!
¡conocí a
Walter!

¡Vamos todavía!

1) Formar oraciones según el modelo

Nosotros - mirar TV - cocinar.
Queremos mirar TV **pero tenemos que** cocinar.

(Yo) estudiar - trabajar.

_____

(Él) salir - limpiar.

_____

(Nosotros) dormir - levantarse.

_____

Elige un par de verbos y piensa una oración similar.

_____

_____

_____

2) Completa con

¿Quién? ¿Quiénes?
¿Cuál? ¿Cuáles?
¿Dónde?

—¿ _____ son esos niños?

—¿ _____ vive tu familia?

—¿ _____ es la de falda negra?

—¿ _____ es tu hermana?

—¿ _____ compraste esos zapatos?

—¿ _____ son tus hijos?

3) Completa con

—¿Fue alguien a la fiesta? No, no fue _____ .

—¿Hay _____ aquí?

—Todavía no llegó _____ .

—¿Llamó _____ por teléfono? No, no llamó _____ .

4) Responde usando

Él / la que tiene

ANA   JOSÉ   SUSANA   PEDRO

—¿Quién es el / la de pelo corto y negro? _____

—¿Quién es el / la de camisa azul y zapatos marrones? _____

—¿Quién es el / la de falda roja? _____

—¿Quién es el / la de pelo corto y pantalón verde? _____

—¿Quién es Ana?, ¿José?, ¿Susana?, ¿Pedro? _____

Tú (vos)	Él / ella
—¿Quiénes son ésos?	—¿Dónde hay un correo?
—Soy de Montevideo.	—Es José.
—Hay uno frente a la plaza.	—Son los padres de Mariela.
—¿Quién es aquél de saco rojo?	—¿De dónde eres?
—¿Hay alguien en tu casa?	—No, no hay nadie.

6) Escribe el pretérito indefinido de:

	YO	ÉL	USTEDES
IR			
COMER			
DORMIR			
CONOCER			
TENER			
TRABAJAR			
ESTAR			

7) Completa con *a* o *en* según corresponda

—Mañana voy ___ ir___ Concepción.

—Ayer estuve___ Arica.

—Fui ___ tren ___ Valparaíso.

—¿Viste___ alguien?

—Vieron a mi hermana_____ la casa de Juanito.

—Pensé ___ ti.

—¡Nunca van ___ creer ___ nada!

—¿Pensaste ___ algo para el próximo fin de semana?

Nariz: aguileña, recta, chata.
Frente: ancha, angosta.
Cabello: enrulado, rizado, lacio, corto, largo, rubio, castaño, negro, pelirrojo, cano.
Labios: finos, gruesos.
Ojos: grandes, pequeños, redondos, alargados.
Color de los ojos: celestes, verdes, claros, oscuros...

- Ahora descríbete a ti mismo.
- Ahora describe a tu compañero o compañera.
- Ahora describe al hombre o la mujer "ideal".

9) Completa con

> alguno / ninguno
> alguna / ninguna
> algún / ningún
> algunos / algunas
> uno / unos
> una / unas
> algo / nada

● —¿Hay_____ kiosco por aquí?

● —Sí, hay_____ frente a la plaza.

● —¿Sabes si hay_____ máquina de escribir?

● —No, no hay _____

● —¿Tienes_____ libro para leer en las vacaciones?

● —¿Prefieres_____ escritor en especial?

● —No, _____ en especial.

● —Aquí tengo _____ de José Donoso, *El jardín de al lado.* ¿Lo quieres?

● —Sí, gracias.

● —¿Hay _____ farmacia cerca?

● —No, no hay_____ ¿Te sientes mal?

● —Me duele mucho la cabeza. Necesito aspirinas.

● —Espera. Yo tengo_____.

● —¡Ah! ¡Qué suerte!

● —¿Conoces_____ restaurante de comida típica chilena?

● —Sí, conozco_____ en Av. Portugal y 10 de Julio.

● —¿Me das un cigarrillo?

● —No, no tengo _____.

● —¡Qué desastre! No hay _____ kiosco abierto a esta hora!

● —Sí, hay _____ frente a la iglesia.

● —¿Iglesia? No hay_____ iglesia por aquí!

● —Sí, hay _____ a tres cuadras.

● —¿Hay_____ correo por aquí cerca?

● —No, no hay _____.

● —¿Viste_____ película interesante?

● —No, no vi _____.

● —¿Tienes _____ para beber?

● —No, no tengo_____ .

● —¿Compraste_____ para los niños?

● —Sí, compré _____ golosinas*.

● —¿Vinieron_____ amigos suyos a la fiesta?

● —No, no vino_____ .

11) Construye un párrafo similar al dado sobre estas personalidades

NERUDA, Pablo. (1904-1973)
Poeta chileno.
1904. Nace en Parral (Linares).
Diplomático en Asia, España y México.
Obras: *Veinte poemas de amor y una canción desesperada, Canto general,* entre otras.
1971. Gana el Premio Nobel.
1973. Muere en Isla Negra (sur de Chile).

Pablo Neruda, nació en 1904 en Parral. Fue diplomático en Asia, España y México. Escribió *Veinte poemas de amor y una canción desesperada* y *Canto general* entre otras. En 1971 ganó el Premio Nobel y dos años más tarde murió en Isla Negra, en el sur de Chile.

O' HIGGINS, Bernardo. (1778-1842)
Héroe de la independencia.
1778. Nace en Chillán.
1814. Viaja a la Argentina. Conoce al general San Martín.
1817. Regresa a Chile. Vence a los españoles. Es elegido Director Supremo.
1822. Promulga la Constitución Nacional. Renuncia y viaja a Perú.
1842. Muere en Perú.

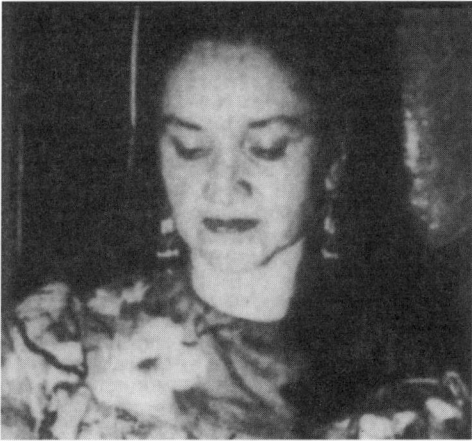

PARRA, Violeta. (1917-1967)
Artista chilena.
1917. Nace en San Carlos.
1937-41. Se casa con Luis Cereceda. Nacen sus hijos Isabel y Ángel.
1949-52. Se casa por segunda vez. Nacen Carmen Luisa y Rosita Clara.
1954. Recibe el premio Caupolicán.
1964. Expone arpilleras, óleos, pinturas y esculturas en el Museo del Louvre. Es la primera artista latinoamericana que lleva una exposición individual a este museo.
1967. El 5 de febrero se suicida de un balazo.

ALLENDE, Salvador. (1908-1973).
Político chileno.
1908. Nace el 26 de junio en Valparaíso.
1926. Ingresa en la Escuela de Medicina.
1933. Participa en la fundación del Partido Socialista Chileno.
1936. Es elegido diputado por la ciudad de Valparaíso.
1938. Es elegido Ministro de Salud del gobierno de Pedro Aguirre Cerdá.
1958. Candidato a la presidencia por la izquierda, es derrotado por Alessandri.
1964. Nueva derrota eleccionaria. Frei es elegido presidente.
1970. Es elegido Presidente por la Unidad Popular.
1973. Es asesinado en el Palacio de la Moneda.

Ahora escribe tu propia biografía.

¡No me digas!

1 Pregunta a tu compañero/ra sobre su última salida nocturna, (lugar, compañía, gastos, etc.)

2 Trabaja con tu compañero.

Invita a tu compañero a uno de estos espectáculos para la semana próxima. Tu compañero prefiere uno diferente al que tú elegiste. Discutan las ventajas y desventajas de su elección (gustos, horarios, gastos, etc.)

3 Observa la lámina central de la unidad.

a) El señor alto (el que tiene barba) habla con un señor gordo que tiene un pantalón a lunares blancos. ¿A quién miran?, ¿de quién hablan y cómo te imaginas el diálogo entre ellos?

b) Te invitaron a esta fiesta. Cuenta a tus compañeros con quién hablaste, de qué hablaste, quién te gustó más y por qué.

No es hablar por hablar

1 Escucha y ordena las imágenes:

2 Escucha y completa según el modelo:

> Esther es la mujer que tiene un sombrero rojo.
> Esther es la de sombrero rojo.

¡BUENAS NOCHES, HERMOSA SEÑORA ¡HIC! NO, ESTOY MUY BIEN... ¡HIC! ¿DONDE LO CONOCIÓ A SU ¡HIC! ¿CONOCE A LA CON... ¡HIC! DESA DE GRAMOIS? ¡NO MIENTA! ¿LA CONOCE ON

Doctor Pi

Dr. Pi.—¡Buenas noches, hermosa señora!

Sra. Gutiérrez.—Buenas noches, ¿lo ayudo?

Dr. Pi.—No gracias, estoy muy bien... ¿Dónde conoció a su marido?

Sra. Gutiérrez.—¿Cómo dice?

Dr. Pi.—¿Conoce usted a la condesa de Gramois?

Sra. Gutiérrez.—¿Perdón...?

Dr. Pi.—¡No mienta! ¿La conoce o no la conoce?

Sra. Gutiérrez.—¿A la condesa de Gramois? ¡No sé de qué me habla!

Dr. Pi.—¿No sabe? Le voy a explicar: usted y su marido vivieron entre 1950 y 1961 en Londres, ¿verdad?

Sra. Gutiérrez.—No, usted se equivoca.

Dr. Pi.—...y conocieron allí a la condesa de Gramois, una mujer alta, rubia y muy delgada.

Sra. Gutiérrez.—¡Señor...! Yo siempre viví en Chile y jamás conocí a una condesa.

Dr. Pi.—¡Miente! Yo los vi, a usted y a su marido, en el Aeropuerto de Buenos Aires el mes pasado, ¿recuerda? Yo tomé sus maletas por error...

Sra. Gutiérrez.—¡Nunca viajé a Buenos Aires! ¡Nunca subí a un avión! ¡Nunca estuve en la Argentina!

Dr. Pi.—¡No es fácil engañar al Dr. Pi! ¡Usted robó las joyas de la Condesa! ¿Dónde están? ¿Quién las tiene, señora Gómez?

Sra. Gutiérrez.—¿Señora qué? Yo me llamo Encarnación Vidal de Gutiérrez. La señora Gómez es la que está allá, la que tiene un vestido verde.

Dr. Pi.—No es verdad...

Sra. Gutiérrez.—Usted es un grosero... ¡Llamarme ladrona a mí! ¡Salga de aquí! ¡Oye Víctor! Creo que este hombre está borracho.

Víctor.—¿Cuál?

Sra. Gutiérrez.— Ése, el del piloto* marrón. ¿Lo conoces?

Víctor.—No, ¿y tú?

Sra. Gutiérrez.—Yo tampoco.

Víctor.—Oiga señor...

(Continuará.)

Ejercicio del Dr. Pi

1.—¿Quién invitó al Dr. Pi a esta fiesta?

2.—¿Quién es la condesa de Gramois?

3.—¿Qué sucede entre el Dr. Pi y la Sra. Gutiérrez?

4.—¿Vivieron el Sr. y la Sra. Gutiérrez en Londres o el Dr. Pi está confundido?

5.—¿Cómo es la condesa de Gramois?

6.—¿Qué sucedió con las joyas de la Condesa?

El sur también existe

¡A bailar la cueca!

UNIDAD 5

De turismo

Como te decía...

En el hotel

- —Buenas tardes. Hicimos una reserva a nombre de Campodónico.
- —Sí, aquí está. Una habitación doble, número 432, en el cuarto piso. Por favor, firme aquí señora Campodónico.
- —Sí... ¿A qué hora sirven el desayuno?
- —De siete a diez de la mañana.
- —Bien, muchas gracias.

Reencuentro

- —¡Buenas tardes, profesor Gutiérrez! ¿Cómo le va*?
- —Muy bien Charo, y tú, ¿cómo has estado?
- —Bestial*, tenía muchas ganas de verlo.
- —Mira, te presento a Víctor. Él ha sido alumno mío en la Universidad.
- —¡Ah! Mucho gusto, soy Charo Barrionuevo. ¿Has estado alguna vez en Perú?
- —Sí, pero hace muchos años. Cuando era muy pequeño vine con mis padres. Estuvimos en Lima y en Iquitos, pero no fuimos ni al Cuzco, ni a Machu Picchu.
- —Bueno, ahora descansen porque mañana vamos a salir muy temprano para el Cuzco.

En Machu Picchu

- —¡¡¡Hemos llegado!!!
- —¡Es increíble... maravilloso!
- —Fue descubierta por Hiran Bingham en 1911...
- —...la ciudad sagrada de los Incas...
- —Así es. Como el terreno era pequeño, los Incas construyeron muchas escaleras y callecitas para comunicarse...
- —Y en las terrazas que ven allí, cultivaban la tierra.
- —¿Y esa montaña de ahí enfrente?
- —Ése es el Huayna Pichu.

En el tren

- —¿Falta mucho?
- —No, falta poco, vamos a llegar a Machu Picchu al mediodía.
- —Ah. ¡Qué suerte! Cuando era pequeña soñaba siempre con conocer esta ciudad de los Incas.
- —Bueno, ¡finalmente lo has conseguido!
- —¡Pero mira quién está allí! ¡¡¡Charo!!!
- —¿Dónde?
- —Junto al tipo de sombrero amarillo.

Pensándolo bien

PRET. INDEFINIDO **PRETÉRITO PERFECTO** PRESENTE FUTURO PRÓXIMO

a) verbos regulares

PRETÉRITO PERFECTO

esta mañana
alguna vez
hace un rato

(HABER) (presente)	+ participio pasado	
HE	(amar)	AM**ADO**
HAS	(comprar)	COMPR**ADO**
HA	(vivir)	VIV**IDO**
HEMOS	(tener)	TEN**IDO**
HAN	(querer)	QUER**IDO**
	(ir)	**IDO**

b) verbos irregulares

O → U E

DECIR → **HE DICHO**

HACER → **HAS HECHO**

SER → **HAN SIDO**

P**O**NER → HA P**UE**STO

V**O**LVER → HEMOS V**UE**LTO

PRET. INDEFINIDO   PRETÉRITO PERFECTO   PRESENTE   FUTURO PRÓXIMO
PRETÉRITO IMPERFECTO

a) verbos regulares

PRETÉRITO IMPERFECTO siempre todos los días normalmente a menudo, a veces de vez en cuando casi nunca nunca	AR	ER / IR	
	CAMIN**ABA**	PON**ÍA**	DEC**ÍA**
	CAMIN**ABAS**	PON**ÍAS**	DEC**ÍAS**
	CAMIN**ABA**	PON**ÍA**	DEC**ÍA**
	CAMIN**ÁBAMOS**	PON**ÍAS**	DEC**ÍAS**
	CAMIN**ABAN**	PON**ÍAN**	DEC**ÍAN**

b) verbos irregulares

SER	IR
ERA	IBA
ERAS	IBAS
ERA	IBA
ERAMOS	ÍBAMOS
ERAN	IBAN

3) ¡Ayer te vi con otro!

Ayer
La semana pasada
Entre las 15 y las 18 horas
} estuve con Aurelia.

Hoy
Esta mañana
Hace un rato
Hasta recién
} he estado con Yolanda.

Ayer estuve con Aurelia y esta mañana he estado con Yolanda.

4) Cuando nos conocimos no hablabas españ

Cuando + Pret. Indefinido + Pret. Imperfecto

Cuando conocí al Sr. Gómez, yo **era** muy joven.
Cuando Juan me **llamó** por teléfono yo **estaba** en la ducha.

Cuando + Pret. Imperfecto + Pret. Imperfecto

Cuando era joven **bailaba** marineras.
Cuando estudiábamos para los exámenes no **dormíamos.**

Cuando + Pret. Indefinido + Pret. Indefinido

Cuando te **vi** me **enamoré.**
Cuando cumplí 20 años mis padres me **regalaron** un auto.

5) ¡Tenía que venir a las cinco!

Tener + que + INFINITIVO (obligación) + pero

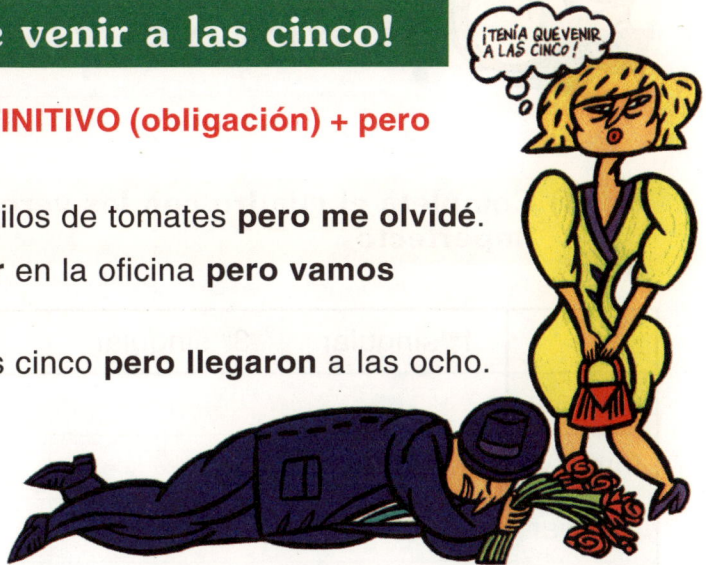

Tenía que comprar 2 kilos de tomates **pero me olvidé**.

Teníamos que trabajar en la oficina **pero vamos a trabajar** mañana.

Tenían que llegar a las cinco **pero llegaron** a las ocho.

4) Verbos reflexivos: sentirse

Me siento
Te sientes
Se siente   (muy)
Nos sentimos
Se sienten   (bastante)

bien - mal.
débil - fuerte.
capaz - **in**capaz.
felices - **in**felices.
contentos - tristes.
mejor - peor.

¡Vamos todavía!

1) Completa el cuadro con los verbos en pretérito imperfecto

	1ª singular	3ª singular	1ª plural	3ª plural
caminar				
tomar				
trabajar				
comer				
deber				
vivir				
venir				
tener				
abrir				
escribir				
ver				
hablar				
fumar				
volver				
ser				
estar				

¡No me digas!

Receta del pisco sour:

    Media botella de pisco
    1 medida de jarabe de angostura
    2 claras de huevo
    2 cubetas* de hielo

Licuar el pisco junto con el jarabe y las claras de huevo. Mezclar con el hielo frappé. Agregar una pizca de canela molida. Mojar el borde de un vaso con jugo de limón y azúcar seca. Servir.

1 Ve al almacén* y compra los elementos que necesitas para preparar un buen pisco. Utiliza indicadores de peso y medida, precios y envases.

Para indicar a tu compañero cómo debe prepararlo utiliza los verbos en imperativo y las palabras del recuadro.

> primero, después, luego, antes de + inf.
>
> tener que / deber

¡Ahora bébetelo!

2 Relaciona cada cara con cada bebida y explica por qué.

3 Debes solicitar un nuevo trabajo. Escribe una carta de presentación como la del ejercicio 11.

4 Observa la lámina central de la unidad.

a) Hay un hombre y una mujer en el balcón del hotel. Él siempre la invita a salir. Ella siempre le da excusas. Con tu compañero inventa un diálogo entre los dos personajes.

b) A la entrada del hotel hay tres peruanos con sus vestimentas típicas. Imagina un diálogo entre ellos en el que describen el modo de vestir de los tres turistas que están a su lado.

No es hablar por hablar

1   Escucha y completa las oraciones:

_____ , Cuzco era la capital del imperio.

_____ , Violeta se encontró con Charo.

_____ cuando llegaron a Machu Picchu.

_____ cuando Velasco Alvarado tenía 55.

2   Escucha y transforma la oración con los verbos en pretérito imperfecto.

En 1931 César Vallejo escribe el cuento "Paco Yunque" y cinco años después interviene en la Guerra Civil Española.

En 1931 César Vallejo escribía el cuento "Paco Yunque" y cinco años después intervenía en la Guerra Civil Española.

3   Escucha y pon el nombre a cada uno de los personajes de la foto

Doctor Pi

Grupo.—¡Miren! Ese hombre se ha caído...

Charo.—¡Señor! ¿Se siente bien?

Dr. Pi.—Sí, eh... ah... estoy bien, gracias...

Víctor.—Oiga... Yo a usted lo vi en algún lado.

Dr. Pi.—No, creo que no.

Víctor.—¡Sí, usted estaba en Chile, en la casa de Mariela!, usted era el que tomó demasiado pisco...

Prof. Gutiérrez.—¡El que gritó a mi mujer!

Víctor.—¿Qué hacía en Santiago y qué hace ahora acá?

Dr. Pi.—Soy detective y estoy acá para resolver un caso.

Víctor.—¡Ah! Cuando yo era chico quería ser detective, miraba todas las
    películas y leía todas las novelas policiales, pero... en fin, he creci-
    do, no soy detective, soy estudiante de arqueología.

Dr. Pi.—Cuando yo era chico también quería ser detective pero estudié
    bioquímica. El año pasado, en junio, cuando estaba en el Congre-
    so de Bioquímica de Madrid, conocí a la condesa de Gramois. Me
    invitó a una fiesta en su casa. Esa noche, cuando todos bailaban,
    comían y bebían, alguien... ¡Ay, me siento mal!

Víctor y Prof.—Alguien qué... Señor... Se desmayó. Llamen a un médico.

Ejercicio del Dr. Pi

Según lo que has leído hasta ahora sobre el Dr. Pi:

Describe: a) Su personalidad.

b) Su aspecto físico.

c) Qué busca en este viaje a través del continente
    americano.

El sur también existe

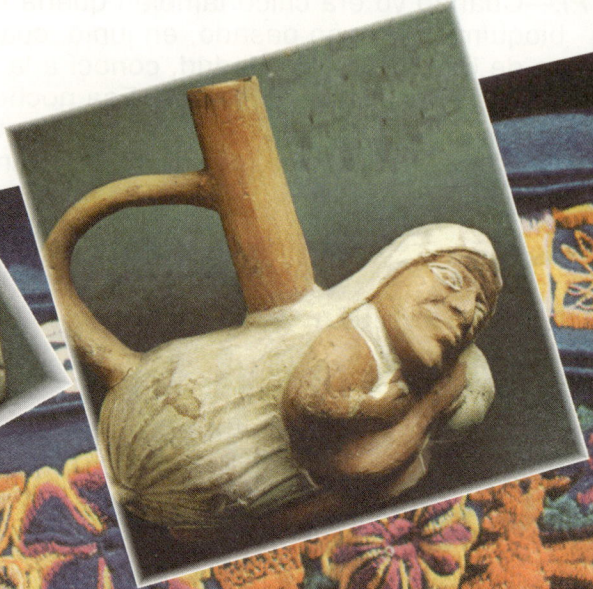

UNIDAD 6

En la telefónica

Como te decía...

Equivocado

- —Hola*.
- —Hola, ¿está Juan, por favor?
- —¿Con quién?
- —¿Estoy hablando con el 231-6468?
- —No, está equivocado.

Cita

- —Hola, ¿Celia? Habla Ernesto Campos.
- —¿Quién?
- —Ernesto, nos conocimos en el Aeropuerto de Buenos Aires. ¿Recuerdas? Tuvimos una demora de 3 horas porque el avión tenía un desperfecto.
- —¡Ah, sí! Por supuesto. ¿Todavía estás aquí?
- —Sí, me quedo una semana más por negocios. ¿Qué te parece si vamos a comer juntos esta noche?
- —Claro, encantada*. Yo salgo de trabajar a las 19 hs. Nos podemos encontrar en la Plaza de los Héroes. La vas a reconocer enseguida, queda al lado de una iglesia enorme como la Catedral de Buenos Aires.
- —Perfecto, estoy muy contento de volverte a ver. Hasta luego.
- —Hasta pronto, Ernesto.

Larga distancia

● —Señor, por favor. ¿Me puede indicar cómo hago una llamada de larga distancia?

● —¿A dónde quiere hablar?

● —A Colombia, a Medellín.

● —Debe marcar primero el código de Colombia que es 57, después marque el código de Medellín que es 4 y por último el número de teléfono.

● —Muchas gracias. ¿Qué cabina está libre?

● —La número tres.

Hijo, ¿cómo has estado?

● —¡Hola!

● —¡Hola! Quiero hablar con Purificación García.

● —Ella habla. ¿Quién es?

● —¡Hola mamá!

● —¡Hijo! ¿Cómo has estado?

● —Muy bien, mamá. Estoy muy bien. ¿Y tú?

● —Y... estoy trabajando como siempre y pensando en ti. ¿Vas a regresar pronto?

● —Me voy a quedar en Asunción un tiempo más, estoy terminando mi trabajo en la Universidad... y papá, ¿cómo está?

● —Está gordo*, gordísimo, pero está muy bien, te extraña mucho.

● —Yo también los extraño, quédense tranquilos, estoy muy bien. Bueno mamá, tengo que cortar.

● —Sí hijo, un beso grande, te queremos mucho. Vuelve pronto.

● —Sí, un abrazo y saludos a todos por allá.

Pensándolo bien

Dibujar	DIBUJ		Correr	CORR	
Hablar	HABL	} **ANDO**	Vivir	VIV	} **IENDO**
Cantar	CANT		Escribir	ESCRIB	

Cruzando la avenida, está el zoológico.
Haciendo ejercicio, se cuida la salud.
Se fue **silbando** un tango triste.

2) ¿Qué estás haciendo?

verbo estar + gerundio: presente y pasado

Estoy comiendo mucho.   (estos últimos meses, en general, ahora...)
He estado comiendo mucho.   (estos últimos meses, en general...)
Estuvimos haciendo ejercicios.   (ayer, la semana pasada...)

Estaba hablando por teléfono **cuando sonó** el timbre.
Cuando llegó Edith, estábamos almorzando.
Estabas platicando* con Pablo **y** se quemó la comida.

3) ¡Fui corriendo y me caí!

verbo ir + gerundio

Siempre **iba / voy** **caminando** al trabajo.

Algunas veces **vamos / fuimos / íbamos** **nadando** hasta la costa.

Esta mañana **hemos ido corriendo** hasta tu casa.

4) —¿Estoy guapo*? —¡No! ¡¡Eres guapo!!

¿ESTOY GUAPO?

¡NO! ¡¡ERES GUAPO!!

a) Transformación

Los zapatos **son** blancos.　　　　Los zapatos **están** sucios.

Ana **es** rubia.　　　　Ana **está** morocha*.

María **es** alegre.　　　　María **está** triste.

b) Experiencia

—El café de este bar* es rico
pero hoy está muy amargo.

—En verano los días son muy soleados
pero hoy está nublado.

—En otoño los días son muy lluviosos
pero hoy está soleado.

¿Cómo es?	¿Cómo está?
alegre	triste
nerviosa	tranquila
responsable	irresponsable
delgada	gorda
hermoso	feo
sabrosa	insípida
fría	caliente
....	.....

5) No voy *porque* tengo mucho trabajo.

—Juan ha crecido mucho. Está muy alto.
—Juan está muy alto porque ha crecido mucho.

—Eleonora come demasiado. Está gorda.
—Eleonora está gorda porque come demasiado.

—¿Fuiste al teatro anoche?
—No, estaba muy cansado.
—No fui al teatro porque estaba muy cansado.

—¿Por qué llegaste tan tarde?
—Porque perdí el último tren.

6) —No es caro ¡Es *carísimo*!

alt**o**   alt ⎫
lind**o**   lind ⎬ **ísimo**
inteligent**e** inteligent ⎪
car**o**   car ⎭

alt**a**   alt ⎫
lind**a**   lind ⎬ **ísima**
inteligent**e** inteligent ⎪
car**a**   car ⎭

hábi**l**	habilísima/o
genti**l**	gentilísima/o
difíci**l**	dificilísima/o
poc**o**	poquísima/o
ric**o**	riquísima/o

ATENCION

7) —Es claro como el agua

verbo + (adjetivo) + como

Es como un cuento de hadas.
Es alta como una montaña, es altísima.
Es bella como una flor, es bellísima.
Ese hombre **habla como** un loro.

8) Salió a comprar cigarillos

Salir + preposición

salir **a** + infinitivo: salir a pasear
                                        vacacionar

salir **de** + nombre: salir de paseo
                                      vacaciones

ATENCION

salir de trabajar = terminar de trabajar

SALIÓ A COMPRAR CIGARRILLOS

9) Verbos reflexivos: quedarse

Me quedo quieto cuando despega el avión.

Te quedas tranquilo cuando telefoneas a tu madre.

Se queda nervioso cuando habla con su jefe.

Nos quedamos impresionados siempre que lo vemos.

Se quedan dormidos después de las 10 de la noche.

¡Es tan hermosa! Me **he quedado** impresionado con su belleza.

QUEDARSE + preposición

—Anoche no salí con Esteban, **me quedé en** casa preparando el examen de física.

—Me gusta mucho esta ciudad: **me voy a quedar en** Perú dos meses más.

¡Vamos todavía!

1) Marca la respuesta correcta

1. —¿De dónde eres?
   - ☐ —Estoy chileno.
   - ☐ —Soy chileno.

2. —Mira a ese hombre. ¿Duerme?
   - ☐ —Es desmayado.
   - ☐ —Está desmayado.

3. —¿Eres amigo de Juan?
   - ☐ —Sí, pero ahora estoy peleado.
   - ☐ —Sí, pero ahora soy peleado.

4. —¿Por qué no bebes el té?
   - ☐ —Porque es frío.
   - ☐ —Porque está frío.

2) Completa los siguientes diálogos

● —¡Hola! ¿Cómo estás? ¿Dónde _____?
● —Estuve en la casa de Juana.
● —¡Ah! Ella es muy simpática.

● —Sí, pero ahora _____ _____

● —¿Por qué _____ _____ _____ ?
● —No te llamé porque estaba esperando tu llamado.
● —Bueno, salimos mañana. ¿Está bien?

● —Sí, pero a la noche porque _____

1. — _____ viejo.

— _____ envejecido.

2. — _____ cobarde.

— _____ acobardado.

3. — _____ loco.

— _____ enloquecido.

4. — _____ frío.

— _____ enfriado.

5. — _____ triste.

— _____ entristecida.

6. — _____ amargo.

— _____ amargado.

4) **Completa las oraciones con** ser estar

Respeta los tiempos verbales.

1. —Los niños _____ enfermos, hoy no van a ir a la escuela.

2. —Mis hijos _____ muy buenos, pero hoy _____ insoportables.

3. —No _____ triste, _____ cansada.

4. —Cuando entré todos _____ sentados a la mesa.

5. —Debes _____ siempre el primero en hablar.

6. —No puedes _____ contento con lo que te ha sucedido.

7. —No sé cómo podía _____ siempre a su lado con lo violento que _____ .

8. —La boda de Susana _____ mañana a la tarde.

5) ¿Qué están haciendo?

1. _____
2. _____
3. _____
4. _____
5. _____

6) Completa con   estar + gerundio

Ayer **estaba jugando** al tenis y me caí.

1. —Luisa habla inglés, pero ahora (aprender) _____ francés.

2. —(Salir) _____ cuando me llamaste por teléfono.

3. —Mi hermano y su mujer son uruguayos pero (vivir) _____en
   gentina.

4. —José es arquitecto pero ahora (trabajar) _____ en una mueblería.

5. —Son las ocho de la mañana y mi esposo todavía (dormir) _____

> Aprobó el examen. Contenta.
> **—Está contenta porque aprobó el examen.**

Ha bebido mucho. Borracho.

_____

Manuel jugó al fútbol toda la tarde. Cansado.

_____

Martín va a comprar un departamento esta tarde. Nervioso.

_____

Se cortó la electricidad. Aburridos.

_____

8) Une con flechas

rápido		la nieve
claro		una cuba
dulce	**como**	una liebre
blanco		el agua
lento		la miel
borracho		una mula

9) Escribe el adjetivo adecuado

Loca como una cabra.

1. _____ como una pluma.

2. _____ como un león.

3. _____ como un pajarito.

4. _____ como una tortuga.

5. _____ como la hiel.

6. _____ como el carbón.

10) Completa con la forma del verbo en gerundio

—En estos momentos el avión está (despegar) _____
de la pista.

—Desde hace unos días este coche* viene (perder) _____
aceite.

—Tu padre lleva 5 horas (dormir) _____ su siesta.

—El billete* a Esperanza viene (costar) _____ lo mismo
desde hace años.

—Inés está (hablar) _____ por teléfono con una amiga
que vive en Brasil.

—Hace mucho tiempo que Luis anda (buscar) _____
un libro sobre arte precolombino.

11) Forma oraciones con comparativos

Es linda como una flor.

_____

_____

_____

_____

_____

_____

_____

12) Completa con el verbo adecuado

1. _____ como un pajarito.

2. _____ como una liebre.

3. _____ como una lima nueva.

4. _____ como un tronco.

Puro → **purísimo**

—¡Gaspar Mora fue un hombre puro! —le interrumpió el viejo Macario con los ojos áspera-mente abiertos.

Un rumor de aprobación apoyó sus pala-bras. El cura quedó desconcertado.

—¡Fue un hombre justo y bueno! —insistió Macario—. Hizo su trabajo. Ayudó a la gente. Todo lo que hizo tenía fundamento. En todas partes hay huellas de sus manos, de su alma limpia, de su corazón limpio... Donde suene un arpa, una guitarra, un violín, lo seguiremos oyen-do.

Augusto Roa Bastos, *Hijo de hombre*, 1990.

14) Completa con la preposición que corresponda: a - de - ∅

—Salimos de viaje y nos quedamos ____dormir en un hotel.

—Se quedaron contentos cuando salieron____pasear.

—Los muebles nuevos quedaron____lindísimos en el nuevo aparta-mento.

—Si no se quedan ____ tranquilos, no van ____ salir ____ paseo con Edith.

—Los chicos salen____estudiar____ las diez ____ la noche, se

quedan ____ un rato en el café y regresan ____casa ____las 11 PM.

—Salgo —— trabajar y después te llamo.

—Los sábados me levanto temprano y salgo —— corriendo.

—Los sábados, cuando salgo —— hacer gimnasia, voy —— correr un rato por el parque.

15) Completa con las preposiciones que faltan

a - de - ∅ - al - del

—Fuimos —— comer y salimos —— muy tarde —— restaurante.

—Los chicos se quedaron ——muy contentos con los regalos—— Navidad.

—Mariela sale —— almorzar —— las doce y después se queda ——un rato tomando sol en la plaza.

—Como todos los días me quedo dormido, salgo corriendo ——tomar el ómnibus para el trabajo.

—Nicolás y Martín se quedaron —— jugar con sus primos en la casa —— su abuela.

—No me llames antes—— las 8 hs. porque salgo —— cine —— las 7.50 hs.

—Mañana vamos —— ir —— estreno —— "Plauto y Aristófanes" en el teatro Arlequín.

¡No me digas!

1

Trabaja con tu compañero.

a) Estás en una oficina de teléfonos y quieres hablar a una pequeñísima ciudad de tu país. Crea un diálogo con tu compañero sobre los códigos internacionales, las tarifas, las diferencias horarias y el tipo de llamada (persona a persona, cobro revertido o teléfono a teléfono).

b) Inventa un diálogo telefónico.

2

Observa la lámina central de la unidad.

a) El perro ha detectado a un gato. ¿Cómo crees que continúa la escena?

b) Puedes otorgar el premio a la "elegancia". ¿A quién premias y por qué?

c) También puedes otorgar un premio entre tus compañeros. Decide el tipo de premio y el Ganador o la Ganadora. Explica por qué.

3

Envía esta postal a tus amigos desde Asunción.

Catedral
ASUNCIÓN DEL PARAGUAY

No es hablar por hablar

1 Escucha la pregunta y luego contesta.

2 Escucha y completa con el verbo **ser** o **estar**.

> El café está frío.
> El invierno es frío.

3 Escucha los siguientes adjetivos y escribe el antónimo.

> alegres → tristes

Doctor Pi

Dr. Pi.—¡Hola! ... ¡Hola!

Ricardo.—¡Aló! ¿Quién habla?... no escucho...

Dr. Pi.—¡¡¡Sí... soy yo... Pi!!!

Ricardo.— ¡Ah! ¿Cómo está? Soy Ricardo, el secretario de la Condesa. Ella está muy preocupada porque no ha tenido noticias suyas. ¿Tiene novedades?

Dr. Pi.— Me quedo un día más y luego me voy a Colombia. Estoy escribiendo todo en una carta que voy a mandar desde allí.

Ricardo.—¿Por qué no lo dice por teléfono?

Dr. Pi.—De ninguna manera. Creo que me están vigilando. Es peligroso.

Ricardo.—Pero ¿quién?

Dr. Pi.—No, ahora no puedo hablar, tengo que cortar. Chau.

Dr. Pi.—La conozco, usted es una empresaria importantísima, posee muchísimas propiedades y además es coleccionista de arte y de... ¡joyas!

Sra. Galarza.— ¿Cómo sabe tanto de mí?

Dr. Pi.—Soy detective privado.

Sra. Galarza.—¡Sí! Ya recuerdo. Me ha estado siguiendo desde que salimos del aeropuerto en Buenos Aires. ¿Qué quiere? ¿Quién le paga? ¡Mi ex marido! Seguramente él lo ha contratado.

Dr. Pi.—No, pero no le puedo decir quién es mi jefe.

Sra. Galarza.—¿Entonces?

Dr. Pi.—Dígame. ¿Ha estado alguna vez en Rangún?

Sra. Galarza.—Mm... El año pasado para el cumpleaños de Helenita.

Dr. Pi.—¿Helenita?

Sra. Galarza.—Sí, Helenita Gramois, una tía... Pero no sé por qué le estoy contando todo esto. ¿Quién es usted? ¡Javier! ¡Javier! ¡¡Este hombre me está molestando!!

(Continuará.)

Ejercicio del Dr. Pi

a) Subraya con un color todos los verbos en pretérito perfecto y con otro todos los gerundios.

b) En qué casos puedes reemplazar el pretérito perfecto por el pretérito indefinido. ¿Por qué?

El sur también existe

- pluma de kavure' í (kavure' í ragué), para tener éxito en el amor con las mujeres;
- pluma de urutaú, da suerte con el sexo opuesto;
- un trocito de imán (ita karú) del tamaño de un poroto manteca, hace afortunado al que lo lleva; mejor aún si está envuelto en pie de animal neonato o joven que no haya procreado;
- un poco de yerba mate machacada en una bolsita, llevada, generalmente, al cuello, aumenta el amor del pretendiente;
- portar una miniatura de calavera, hecha de huesos humanos, hace triunfar en todos los emprendimientos, y sobre todos los rivales.

MITOS

El Yaguareté-Abá

El Pombero

TRADICIONES

Casamiento Okara

El casamiento religioso es una ceremonia y acontecimiento muy importante en la familia y el valle o pueblo; según el prestigio de la familia, más importante que el casamiento civil.

Si la distancia a recorrer entre "valle", "compañía" o "capilla" y la iglesia parroquial es larga, se pone en marcha temprano la caravana. El novio montado a caballo, va acompañado de sus amigos. Todo es festivo y el novio debe aguantar toda clase de bromas de parte de los amigos. La novia, toda ataviada, va en una carreta, acompañada de sus familiares y amigas más íntimas.

La vuelta de la Iglesia lo hacen juntos en la carreta, o ambos montados, aumentando el aire festivo. Al llegar a la casa comienza la música. Los recién casados se arrodillan ante sus padres para recibir las bendiciones, los saludos, abrazos, besos y votos de felicidad. El festejo central consiste en un karú guasú, un gran almuerzo o cena para los asistentes, cuidadosamente preparado. Así como es costumbre generalizada que al fin de la comida los recién casados corten la torta de bodas, en las zonas ganaderas los novios, tomando juntos un cuchillo grande y filoso, cortan la primera porción de asado.

UNIDAD 7

En la playa

Como te decía...

Restaurante en la playa

- —Mesero* ¡Primero le pedí un jugo de maracuyá y usted me trajo jugo de piña! Después le pedí un cóctel de camarones y usted me trajo una ensalada de lechuga...
- —Disculpe señor, le traeré la copa de mariscos.
- —¡Nada de disculpas! Desde que entramos en este lugar, usted nos ha estado mirando con mala cara, se ha equivocado en todo lo que hemos ordenado, y cuando nos quejamos, vuelve a pedirnos disculpas.
- —Querido, no discutas más. ¿Para qué sirve? Por culpa de este hombre nos quedaremos sin disfrutar de la playa.
- —¡Pero quiero comer! Lo peor es que nos cobrarán una fortuna.
- —Comer aquí es mucho más barato que comer en el hotel...
- —Nuevamente disculpas, ¡tenemos tanto trabajo hoy! Pero les traeré dos copas de champagne, atención de la casa.

En la playa con el vendedor

● —¡Sombreros! Sombreros baratitos. Sombreros a diez pesitos. Sombreros, sombrerotes a diez pesotes... vendo sombreros...

● —Señor, ¿a cuánto está ése que tiene la cinta roja?

● —Vale quince pesos, pero se lo dejo a diez si me manda un beso.

En el hotel

- —Señor, el aire acondicionado de mi habitación no funciona.
- —Enviaré al técnico para arreglarlo.
- —Me está diciendo lo mismo desde hace dos días.
- —Lo lamento mucho, pero le prometo que estará listo en una hora.
- —Tendrá que repararlo antes porque dentro de media hora volveré a cambiarme y no quiero encontrar a nadie dentro de la habitación.
- —No se preocupe. Haremos lo posible y no tendrá más quejas sobre la habitación.

En la playa con los Gómez

- —Ah, este espectáculo es maravilloso.
- —Prefiero estar a oscuras en el hotel. Me duele todo el cuerpo por el sol.
- —Te pondré bronceador y después otra crema para las quemaduras. Estar en la oscuridad no te servirá de nada.
- —Estoy cansado, desde que empezamos este largo viaje no hemos descansado un minuto.
- —Ahora estamos descansando y también te quejas. Dentro de unos días estaremos en casa y será muy aburrido. No existe un lugar tan lindo como éste, nuestras playas no son tan grandes, ni la arena es tan blanca, ni el agua es tan transparente y cálida...
- —Sí, tal vez, pero allá hay menos edificios que aquí, y las palmeras son más altas y...
- —Muy bien. ¡No volveremos a salir de vacaciones nunca más!
- —¡Eres tan exagerada!

Pensándolo bien

PRET. INDEFINIDO   PRETÉRITO PERFECTO   PRESENTE   FUTURO PRÓXIMO   **FUTURO SIMPLE**
PRETÉRITO IMPERFECTO

a) Verbos regulares

-AR, -ER, -IR

mañana
el próximo año...
el próximo mes...
dentro de...

HABLAR	**-É**
SER	**-ÁS**
IR	**-Á**
ESTAR	**-EMOS**
COMER	**-ÁN**

b) Verbos irregulares

salir	sal**dré**
poder	po**drás**
poner	pon**drá**
tener	ten**dremos**
venir	ven**drán**
valer	val**drán**

querer	→	QUE**RRÉ**
		QUE**RRÁS**
		QUE**RRÁN**
hacer	→	HA**RÉ**
		HA**RÁN**
haber	→	HA**BRÁ**
decir	→	DI**RÉ**
		DI**RÁS**
		DI**RÁN**

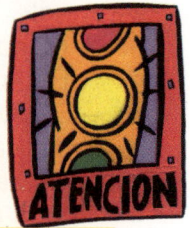

ATENCION

2) Deberá regresar mañana

deber + infinitivo ➜   Deberé estudiar un poco más para el examen.

poder + infinitivo ➜   Podremos salir con Ernesto esta noche.

tener + que + infinitivo ➜   Tendrás que hacerlo por mí.

3) Estaré toda la noche contigo

verbo	+			
		dos días	➡	Estaré dos días en Asunción.
		5 minutos	➡	La veré sólo 5 minutos.
		una semana	➡	Iré una semana de vacaciones.
		de...a/hasta	➡	Iremos al mar **de** enero **a** marzo.

4) Hace.....que / Dentro de...

(pasado)	**Hace**	dos días una semana varios años	**que**	+ pretéritos
(futuro)	**Dentro de**	media hora	Ø	+ futuro

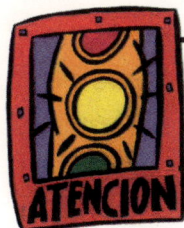

Hace tres horas **que** salió el avión.

El avión salió **hace** tres horas.

Hace cinco años **que** conocí a Gregorio.
Hace dos horas, vi a Rosita por la calle.
He visto a Mariana en el mercado **hace** dos minutos.

Dentro de dos días empezaré las vacaciones.
Terminaré con mis ejercicios **dentro de** dos semanas.
Voy a llamarlo por teléfono **dentro de** una hora.

5) Desde / desde que / desde hace

Desde +				
	∅	+	fecha	Estudio español desde 1974.
	que	+	verbo	Estudio español desde que llegué.
	hace	+	cantidad	Estudio español desde hace tres años.

Desde +	año mes día hora	} + hasta + {	año mes día hora	Viajaré por Centroamérica **desde** abril hasta junio. Estudié francés **desde** 1956 **hasta** julio de este año.

6) Por y para

Lo hice **por** ti (vos).	Lo hice **para** ti (vos).
Causa, origen, ¿por qué?	Objetivo, ¿para qué, quién?

Por tu culpa no pude tomar el bus*. Tomé el tren para llegar más rápido.

↓

(Tomé el tren para llegar más rápido porque por tu culpa no pude tomar el bus.)

Ayer me manché el vestido en la fiesta.

Tengo que ir a la tintorería para limpiarlo.

(Tengo que ir a la tintorería para limpiar el vestido porque ayer me lo manché en la fiesta.)

La semana pasada perdí mi pasaporte en un taxi.

Debo ir al consulado para obtener otro.

(Debo ir al consulado para obtener mi pasaporte porque la semana pasada lo perdí en un taxi.)

—¿Para qué fuiste al centro?
—Fui al centro para encontrarme con Clara.
—¿Pero por qué llegaste tan tarde?
—Por el tránsito, a causa del tránsito.

7) Lo mejor de tu vida me lo he llevado yo.

Lo + adjetivo / adverbio + de + verbo + nombre

Lo mejor de García Márquez es *Cien años de soledad.*

Lo bueno de Esther era su sentido del humor.

Lo (más) interesante de este país es su música.

Lo más barato de su colección le costó diez mil dólares.

Lo (más) aburrido de su discurso fue el final.

8) Eres tan loca como tu madre.

a)

tan	+	**adjetivo**	+	como
más / menos	+	**adjetivo**	+	que

Es **tan** lento **como** una tortuga.
Corre **más** rápido **que** un avión.

b)

tanto / tanta / tantos / tantas	+	**nombre**	+	como
más / menos	+	**nombre**	+	que

El general Bolívar ganó **tantas batallas como** Napoleón.

Higuita ha atajado **menos penales que** Goycochea.

Susana tejió **menos pullovers que** su hermana Adriana.

c)

tanto	∅	como
más / menos	∅	que

Irene   trabaja

| tanto como |
| más que |
| menos que |
| igual que |

su marido

Estar + preposición

estar en   **+ nombre**

estar en $\begin{cases} \text{la oscuridad} \\ \text{la soledad} \end{cases}$

estar a   **+ nombre**

estaremos a $\begin{cases} \text{oscuras} \\ \text{solas} \end{cases}$

estar de   **+ nombre**

estaba de rodillas

estar ∅   **+ adjetivo**

estaba arrodillada

¡¡QUERIDO ESTOY DE REGRESO!!

PRRR.... QUERIDO

10) No volveré a cometer los mismos errores

a)   **volver a**   +   **verbo infinitivo (repetición)**

Iris $\left\{ \begin{array}{l} \text{volvió a llegar} \\ \text{otra vez llegó} \end{array} \right\}$ tarde a su trabajo.

Mi tía Perla ha visto "Lo que el viento se llevó" nueve veces y mañana volverá a verla otra vez.

b)   **volver de**   (regresar)
        del

Cora $\begin{array}{l} \text{volvió} \\ \text{regresó} \end{array}$ del trabajo muy tarde.

Los Juárez volvieron de la finca de Pereyra la semana pasada.

¡Vamos todavía!

1) Forma oraciones según el modelo

> Estuvo en Roma de 1960 a 1962. Desde febrero de 1963 vive en Sevilla e irá a Barcelona en diciembre del 2010.

ESTUVO	VIVE EN	IRÁ A
Roma, 1960-62	Sevilla, febrero de 1963	Barcelona, abril del 2000
Buenos Aires, 1970-80	Córdoba, enero de 1981	Salta, marzo del 2003
Montevideo, 59-70	Fray Mocho, junio del 70	Piriápolis, mayo del 2005
Santiago, 66-73	París, octubre del 73	Valparaíso, el año próximo
Medellín, 65-76	Cartagena, agosto del 76	Pereyra, este verano
Asunción, 89-90	Puerto Iguazú, abril del 91	Corrientes, dos años

● —Mañana (ir, nosotros) _____ a la casa de Gabriela, y

   también (ir) _____ los Gómez y los Martínez Casas.

● —¿(Tener) _____ que llevar un postre?

● —(Ser) _____ mejor que llevemos una buena botella
   de vino.

● —Doctor, ¿cuándo (nacer)_____ mi hija?

● —Aproximadamente dentro de cinco semanas.

● —(Tener) _____ que reservar una habitación en el
   sanatorio?

● —No, todavía no. Le (avisar) _____ la semana próxima.

● —¿(salir)_____ juntos esta noche?

● —No sé si (poder) _____ . Tengo mucho trabajo.

3) Une con flechas

Dentro			dos días	llegué a Lima.
Desde	∅		noviembre	llegará Juan.
De	que		1982 a 1984	estoy aquí estudio mucho.
En	de		∅	iremos a Madrid.
Hace			dos meses que	viajé por Latinoamérica.

7 de SETIEMBRE

10 de JUNIO

4 de MARZO

25 de DICIEMBRE

_____

_____

_____

_____

_____

¿Qué harás tú en esas fechas?

_____

_____

_____

5) Contesta usando

dentro de
de. . . a
en
desde hace
hace. . . que

—¿Cuándo viajará a Dinamarca?

—_____ ____ dos días.

—¿Cuándo llegaste?

—_____ un mes.

—¿Hace cuánto que vivís aquí?

—_____ un año / Vivo aquí _____ _____ un año.

—¿Desde cuando trabajas en esta empresa?

—_____ _____ dos semanas.

—¿Cuándo volverás a tu casa?

—_____ diciembre.

Ahora pregunta tú:

— ¿ _____ ?

—Dentro de una semana.

— ¿ _____ ?

—En octubre.

— ¿ _____ ?

—Hace un año que estudio francés.

— ¿ _____ ?

—Desde hace dos meses.

— ¿ _____ ?

—De 1966 a 1971.

— ¿ _____ ?

—En dos semanas.

6) —¿Qué deberás hacer para...? Usa | deber
tener que

- hablar por teléfono con Lima, Perú.

- comprar un kilo de azúcar.

- reservar una habitación en un hotel.

- llegar al centro de la ciudad.

- ir al aeropuerto.

_____

_____

_____

_____

_____

_____

_____

_____

_____

_____

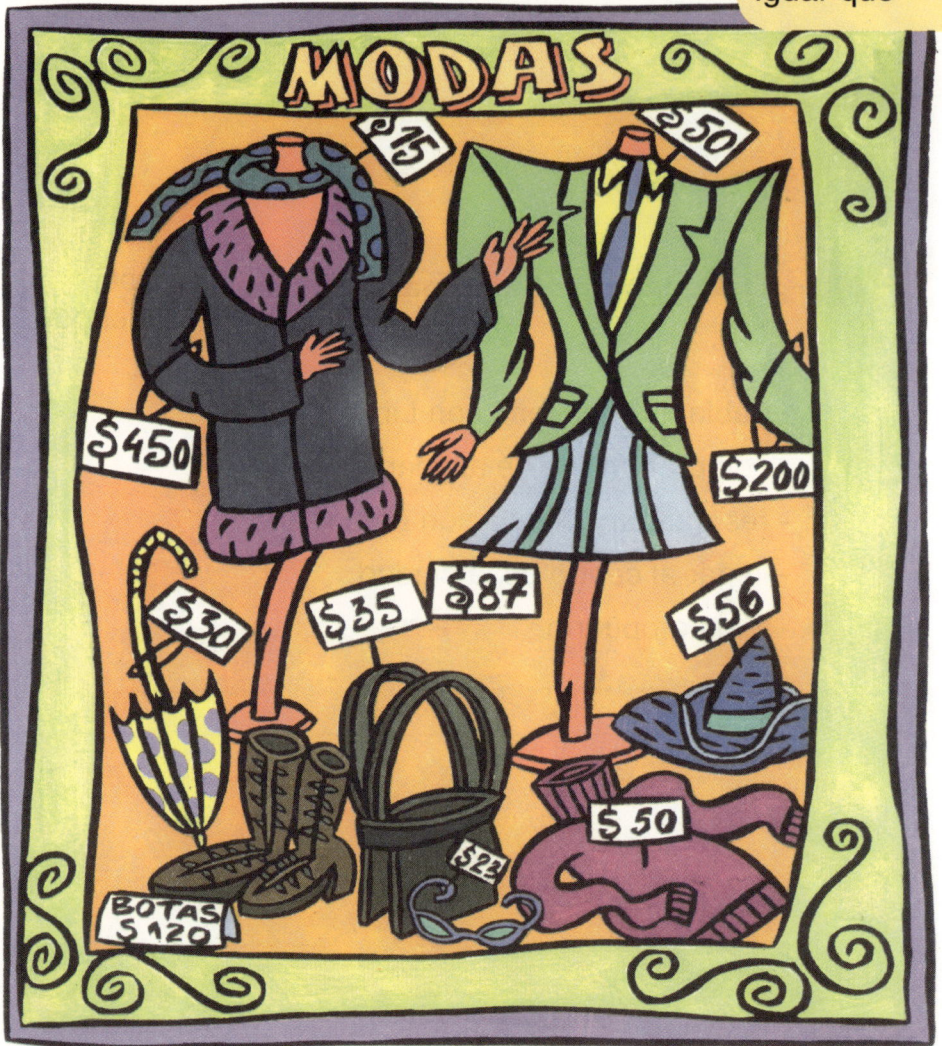

MODAS

$15

$50

$450

$200

$30

$35

$87

$56

$ 50

$22

BOTAS
$120

_____

_____

_____

_____

_____

_____

Me gusta **estar a** solas.

Ayer _____ las vacaciones.

Ellos _____ vacaciones en Playa Colorada.

_____ triste desde el mes pasado.

Constanza _____ engordar otra vez.

Los niños _____ muy contentos.

Toda la ciudad _____ oscuras.

_____ Medellín para hacer las compras de Navidad.

Ernesto _____ enfermarse este año y lo _____ operar.

Su mujer _____ muy preocupada por su salud y se quedó todas

las noches ____ el hospital para cuidarlo.

_____ pelear por una tontería como todos los días.

9) Forma oraciones utilizando   porque
para

Mañana hay una fiesta en la casa de Luis. Deberé comprarme un vestido.
Deberé comprarme un vestido para ir a la fiesta de Luis mañana.
Deberé comprarme un vestido porque hay una fiesta en la casa de Luis mañana.

Ayer se rompió el aire acondicionado.
Iremos a comprar un ventilador al centro.

La comida era carísima.
Teníamos hambre y nos fuimos a otro restaurante.

Carlos y Susana se quedaron hasta muy tarde en mi casa anoche y no pude lavar los platos.
Esta mañana he tenido que levantarme más temprano.

Ayer olvidé poner el despertador.
Hoy tomé un taxi. Llegaba tarde al trabajo.

Martín se rompió un brazo jugando con un amigo.
Fuimos al hospital y se lo enyesaron.

---

10) Explica la diferencia entre las dos oraciones

Luchó por la libertad de su país.
Luchó para la libertad de su país.

Compró estos regalos para su cumpleaños.
Compró estos regalos por su cumpleaños.

Nos reuniremos en nuestra casa por Navidad.
Nos reuniremos en casa para Navidad.

¡No me digas!

1) ¿Cuáles son los pasos que deberás seguir para hacer un buen café?
¿Conoces otra manera de hacer café?

1. Utilice recipientes limpios: los filtros de tela reemplácelos quincenalmente; cuando utilice filtros nuevos hiérvalos en agua.

2. Es indispensable utilizar agua pura y café siempre fresco. Utilice una cuchara sopera rasa por cada pocillo de agua... (5-7 gramos/100 cc.)

3. Coloque el café molido en el filtro y al hervir el agua viértala uniformemente con movimientos circulares.

4. Bote inmediatamente el café ya utilizado. Lave el filtro y colóquelo en agua limpia que cambiará diariamente.

5. Sirva el café bien caliente. Nunca lo deje hervir ni lo recaliente.

2) Invitarás a cenar esta noche a tu compañero.
Elige entre estos restaurantes
y explica por qué.

Nuevo y único en Bogotá
Bar Restaurante Indio
Tandoor
Selección de los mejores platos de la COCINA INDIA
Elaborado en horno Tandoor
Carrera 11 Nº 84 -53 - Tel: 2189698

Restaurante Japonés e internacional
Welcome 植花夢
La Nueva generación de la comida Japonesa
Servicio a domicilio
Carrera 14 Nº 80-65 Piso 1º Tel: 2564790 Bogotá - Colombia.

RESTAURANTE - BAR
VIVA VILLA
"Auténtico sabor mexicano hecho por mexicanos"
Reservaciones ☎ 2189384
Calle 82 No.12-70

3) Observa la lámina central de la unidad.
Tú estás en el mismo restaurante de la playa y tu compañero es el mesero*. Inventa un diálogo sobre el menú y discute con él.

No es hablar por hablar

1)

a) Escucha y trata de tomar algunas notas.

b) Discute con tus compañeros las respuestas a estas preguntas:

I) ¿Qué diferencias encuentras entre el varón y la mujer colombianos respecto de las tareas del hogar?

II) ¿Que diferencias encuentras con los varones y mujeres de tu país?

2) Escucha y marca el orden de llegada de cada uno de los corredores.

3) Escucha y toma el mensaje.

HOTEL GUARANÍ

LLAMADA PARA

SR:

MENSAJE:

HORA:

FECHA:

Doctor Pi

Dr. Pi.—¡Eh! ¡Escuche! Tendrá que escucharme.

Walter R.—¿Ud. otra vez? ¡Nos volvemos a encontrar en los lugares más insólitos!

Dr. Pi.—¿Cómo dice? ¡Desde aquí no puedo escucharlo!

Walter R.—¡Bueno, pues acérquese!

Dr. Pi.—¿Qué está haciendo en estas playas?

Walter R.—Estoy de vacaciones, como imaginará.

Dr. Pi.—Está muy lejos del Uruguay.

Walter R.—¿Y a Ud. qué puede importarle? Soy un hombre grande... estas playas son hermosas, pero... ¿Qué está haciendo aquí?

Dr. Pi.—Quiero hablar con Ud. desde que salimos del Uruguay...

Walter R.—Sí, la Sra. Galarza me dijo que a ella también la ha estado siguiendo, y que Ud. es algo así como un maldito detective privado. Ya estoy cansado de Ud., y de su ridícula cara...

Dr. Pi.—De modo que conoce a la Sra. Galarza.

Walter R.—Claro... ¿Para qué hace todas estas preguntas? Déjeme tranquilo.

Dr. Pi.—No se vaya... escuche... venga. Yo sé quién es Ud... A mí no podrá engañarme como lo hizo con la condesa...

Walter R.—Por favor váyase, necesito estar a solas...

Dr. Pi.—¿Está deprimido? ¿Se siente culpable por lo que hizo?

Walter R.—Acérquese, no le escucho. El mar está muy agitado. Tenga cuidado con las olas...

Dr. Pi.—¡¡Walter Rossi!!: ¡tendrá que solucionar lo que ha hecho!

Walter R.—¿Qué dice?... Mire, allí viene otra persona que Ud. conoce...
  Pero cuidado con esa ola gigantesca.

Dr. Pi.—¿Quién viene...? Glu, glu, no sé nadar, ¡auxilio!

(Continuará.)

Ejercicio del Dr. Pi

1. Señala los adjetivos en el texto.

2. Genera con ellos oraciones que los involucren y utiliza preferentemente los verbos **ser** y **estar**.

3. Encuentra los antónimos y sinónimos.

4. Escribe los aumentativos correspondientes.

El sur también existe

"Sábado ocho de mayo del año de treinta, día en que los ingleses flecharon a Juana de Arco", anunció el mayordomo. "Está lloviendo desde las tres de la madrugada". "Desde las tres de la madrugada del siglo diecisiete", dijo el general con la voz todavía perturbada por el aliento acre del insomnio. Y agregó en serio: "No oí los gallos". "Aquí no hay gallos", dijo José Palacios.

"No hay nada", dijo el general. "Es tierra de infieles".

Pues estaban en Santa Fe de Bogotá, a dos mil seiscientos metros sobre el nivel del mar remoto, y la enorme alcoba de paredes áridas, expuesta a los vientos helados que se filtraban por las ventanas mal ceñidas, no era la más propicia para la salud de nadie.

El general en su laberinto

Gabriel García Márquez

UNIDAD 8

Diario de Pi

NOMBRE = SR. Y SRA GÓMEZ
RELACIÓN = SON TRAFICANTES DE JOYAS, LA CONDESA ERA UNA DE SUS CLIENTES PRINCIPALES.
MÓVIL = ELLA DESCUBRIÓ QUE LAS ÚLTIMAS JOYAS ERAN FALSAS Y AMENAZÓ CON DENUNCIARLOS COMO ESTAFADORES EN EL MERCADO ILEGAL, ROBARON LAS JOYAS PARA DESTRUIR LA EVIDENCIA.

NOMBRE = DR. SEGURA
RELACIÓN = ES EL MÉDICO PERSONAL DE LA CONDESA
MÓVIL = ELLA DESCUBRIÓ QUE SE TRATABA DE UN DOCTOR FALSO AL QUE LE FALTABAN VARIOS AÑOS PARA PODER EJERCER LA MEDICINA, AL SER DESCUBIERTO ROBÓ LAS... HUYÓ CON DINERO SUFICIENTE Y REGRESÓ A AMÉRICA

NOMBRE = VICTOR ROJAS
RELACIÓN = ERA EL ASESOR ARQUEOLÓGICO DE LAS JOYAS QUE COMPRABA LA CONDESA
MÓVIL = EN REALIDAD ES UN ESPÍA QUE LUCHA CONTRA EL TRÁFICO ILEGAL DE JOYAS, QUERÍA DEVOLVERLAS A SU PAIS DE ORIGEN, ROBÓ LAS JOYAS PARA COBRAR LA RECOMPENSA QUE OFRECEN DISTINTOS MUSEOS.

NOMBRE = CHARO BARRIONUEVO
RELACIÓN= EMPLEADA DE LA AGENCIA DE TURISMO QUE LA CONDESA POSEE EN LATINOAMÉRICA.
MÓVIL = LA CONDESA IBA A DESPEDIRLA Y CHARO VIAJÓ PARA TRATAR DE IMPEDIRLO PERO NO PUDO HACERLA CAMBIAR DE OPINIÓN VIÉNDOSE SIN TRABAJO ROBÓ LAS JOYAS PARA VENGARSE DE LA CONDESA.

NOMBRE = WALTER ROSSI
RELACIÓN = ESTABA ENAMORADÍSIMO DE LA HIJA DE LA CONDESA.
MÓVIL = LA CONDESA SE OPONÍA A ESTA RELACIÓN Y LE DIJO QUE DEBÍA MARCHARSE PARA SIEMPRE, ÉL ROBÓ LAS JOYAS, LAS VENDIÓ E INICIÓ UN VIAJE MUY CARO POR LATINOAMÉRICA.

NOMBRE = SRA. GALARZA
RELACIÓN= ES UNA EMPRESARIA, PRIMA LEJANA DE LA CONDESA A QUIEN SIEMPRE HA ODIADO,
MÓVIL = SIN EMBARGO NECESITA UN PRÉSTAMO PUES ESTÁ SIEMPRE EN BANCARROTA, LA CONDESA SE LO NEGÓ, ROBÓ LA COLECCIÓN DE JOYAS PARA CONSEGUIR EL DINERO Y PARA GOLPEAR A LA CONDESA DONDE MÁS LE DUELE.

Pensándolo bien

Verbos	Presente	Imperativo	Pretérito indefinido	Pretérito imperfecto	Pretérito perfecto		Futuro simple
DAR							
(yo)	doy		di	daba	he	dado	daré
(tú)	das	da	diste	dabas	has	dado	darás
(vos)	das	da	diste	dabas	has	dado	darás
(él, ella, Ud.)	da	dé	dio	daba	ha	dado	darás
(nosotros)	damos	demos	dimos	dábamos	hemos	dado	daremos
(ustedes)	dan	den	dieron	daban	han	dado	darán
(ellos, ellas)	dan		dieron	daban	han	dado	darán
HACER							
(yo)	hago		hice	hacía	he	hecho	haré
(tú)	haces	haz	hiciste	hacías	has	hecho	harás
(vos)	hacés	hacé	hiciste	hacías	has	hecho	harás
(él, ella, Ud.)	hace	haga	hizo	hacía	ha	hecho	hará
(nosotros)	hacemos	hagamos	hicimos	hacíamos	hemos	hecho	haremos
(ustedes)	hacen	hagan	hicieron	hacían	han	hecho	harán
(ellos, ellas)	hacen		hicieron	hacían	han	hecho	harán
DORMIR							
(yo)	duermo		dormí	dormía	he	dormido	dormiré
(tú)	duermes	duerme	dormiste	dormías	has	dormido	dormirás
(vos)	dormís	dormí	dormiste	dormías	has	dormido	dormirás
(él, ella, Ud.)	duerme	duerma	durmió	dormía	ha	dormido	dormirá
(nosotros)	dormimos	durmamos	dormimos	dormíamos	hemos	dormido	dormiremos
(ustedes)	duermen	duerman	durmieron	dormían	han	dormido	dormirán
(ellos, ellas)	duermen		durmieron	dormían	han	dormido	dormirán
ESTAR							
(yo)	estoy		estuve	estaba	he	estado	estaré
(tú)	estás	está	estuviste	estabas	has	estado	estarás
(vos)	estás	está	estuviste	estabas	has	estado	estarás
(él, ella, Ud.)	está	esté	estuvo	estaba	ha	estado	estará
(nosotros)	estamos	estemos	estuvimos	estábamos	hemos	estado	estaremos
(ustedes)	están	estén	estuvieron	estaban	han	estado	estarán
(ellos, ellas)	están		estuvieron	estaban	han	estado	estarán
SER							
(yo)	soy		fui	era	he	sido	seré
(tú)	eres	sé	fuiste	eras	has	sido	serás
(vos)	sos	sé	fuiste	eras	has	sido	serás
(él, ella, Ud.)	es	sea	fue	era	ha	sido	será
(nosotros)	somos	seamos	fuimos	éramos	hemos	sido	seremos
(ustedes)	son	sean	fueron	eran	han	sido	serán
(ellos, ellas)	son		fueron	eran	han	sido	serán
IR							
(yo)	voy		fui	iba	he	ido	iré
(tú)	vas	ve	fuiste	ibas	has	ido	irás
(vos)	vas	[andá]	fuiste	ibas	has	ido	irás
(él, ella, Ud.)	va	vaya	fue	iba	ha	ido	irá
(nosotros)	vamos	vayamos	fuimos	íbamos	hemos	ido	iremos
(ustedes)	van	vayan	fueron	iban	han	ido	irán
(ellos, ellas)	van		fueron	iban	han	ido	irán

Verbos	Presente	Imperativo	Pretérito indefinido	Pretérito imperfecto	Pretérito perfecto		Futuro simple
PONER							
(yo)	pongo		puse	ponía	he	puesto	pondré
(tú)	pones	pon	pusiste	ponías	has	puesto	pondrás
(vos)	ponés	poné	pusiste	ponías	has	puesto	pondrás
(él, ella, Ud.)	pone	ponga	puso	ponían	ha	puesto	pondrá
(nosotros)	ponemos	pongamos	pusimos	poníamos	hemos	puesto	pondremos
(ustedes)	ponen	pongan	pusieron	ponían	han	puesto	pondrán
(ellos, ellas)	ponen		pusieron	ponían	han	puesto	pondrán
QUERER							
(yo)	quiero		quise	quería	he	querido	querrá
(tú)	quieres	quiere	quisiste	querías	has	querido	querrás
(vos)	querés	queré	quisiste	querías	has	querido	querrás
(él, ella, Ud.)	quiere	quiera	quiso	quería	ha	querido	querrá
(nosotros)	queremos	queramos	quisimos	queríamos	hemos	querido	querremos
(ustedes)	quieren	quieran	quisieron	querían	han	querido	querrán
(ellos, ellas)	quieren		quisieron	querían	han	querido	querrán
SABER							
(yo)	sé		supe	sabía	he	sabido	sabré
(tú)	sabes	sabe	supiste	sabías	has	sabido	sabrás
(vos)	sabés	sabe	supiste	sabías	has	sabido	sabrás
(él, ella, Ud.)	sabe	sepa	supo	sabía	ha	sabido	sabrá
(nosotros)	sabemos	sepamos	supimos	sabíamos	hemos	sabido	sabremos
(ustedes)	saben	sepan	supieron	sabían	han	sabido	sabrán
(ellos, ellas)	saben		supieron	sabían	han	sabido	sabrán
SALIR							
(yo)	salgo		salí	salía	he	salido	saldré
(tú)	sales	sal	saliste	salías	has	salido	saldrás
(vos)	salís	salí	saliste	salías	has	salido	saldrás
(él, ella, Ud.)	sale	salga	salió	salía	ha	salido	saldrá
(nosotros)	salimos	salgamos	salíamos	salíamos	hemos	salido	saldremos
(ustedes)	salen	salgan	salieron	salían	han	salido	saldrán
(ellos, ellas)	salen		salieron	salían	han	salido	saldrán
TENER							
(yo)	tengo		tuve	tenía	he	tenido	tendré
(tú)	tienes	ten	tuviste	tenías	has	tenido	tendrás
(vos)	tenés	tené	tuviste	tenías	has	tenido	tendrás
(él, ella, Ud.)	tiene	tenga	tuvo	tenía	ha	tenido	tendrá
(nosotros)	tenemos	tengamos	tuvimos	teníamos	hemos	tenido	tendremos
(ustedes)	tienen	tengan	tuvieron	tenían	han	tenido	tendrán
(ellos, ellas)	tienen		tuvieron	tenían	han	tenido	tendrán
TRAER							
(yo)	traigo		traje	traían	he	traído	traeré
(tú)	traes	trae	trajiste	traías	has	traído	traerás
(vos)	traés	trae	trajiste	traías	has	traído	traerás
(él, ella, Ud.)	trae	traiga	trajo	traía	ha	traído	traerá
(nosotros)	traemos	traigamos	trajimos	traíamos	hemos	traído	traeremos
(ustedes)	traen	traigan	trajeron	traían	han	traído	traerán
(ellos, ellas)	traen		trajeron	traían	han	traído	traerán

Verbos	Presente	Imperativo	Pretérito indefinido	Pretérito imperfecto	Pretérito perfecto		Futuro simple
VENIR							
(yo)	vengo		vine	venía	he	venido	vendré
(tú)	vienes	ven	viniste	venías	has	venido	vendrás
(vos)	venís	vení	viniste	venías	has	venido	vendrás
(él, ella, Ud.)	viene	venga	vino	venía	ha	venido	vendrá
(nosotros)	venimos	vengamos	vinimos	veníamos	hemos	venido	vendremos
(ustedes)	vienen	vengan	vinieron	venían	han	venido	vendrán
(ellos, ellas)	vienen		vinieron	venían	han	venido	vendrán
LLEVAR							
(yo)	llevo		llevé	llevaba	he	llevado	llevaré
(tú)	llevas	lleva	llevaste	llevabas	has	llevado	llevarás
(vos)	llevas	lleva	llevaste	llevabas	has	llevado	llevarás
(él, ella, Ud.)	lleva	lleve	llevó	llevaba	ha	llevado	llevará
(nosotros)	llevamos	llevemos	llevamos	llevábamos	hemos	llevado	llevaremos
(ustedes)	llevan	lleven	llevaron	llevaban	han	llevado	llevarán
(ellos, ellas)	llevan		llevaron	llevaban	han	llevado	llevarán
DEBER							
(yo)	debo		debí	debía	he	debido	deberé
(tú)	debes	debe	debiste	debías	has	debido	deberás
(vos)	debés	debé	debiste	debías	has	debido	deberás
(él, ella, Ud.)	debe	deba	debió	debía	ha	debido	deberá
(nosotros)	debemos	debamos	debimos	debíamos	hemos	debido	deberemos
(ustedes)	deben	deban	debieron	debían	han	debido	deberán
(ellos, ellas)	deben		debieron	debían	han	debido	deberán

Pronombres

Sujeto Caso nominativo	Obj. Directo Caso dativo	Obj. Indirecto Caso acusativo	Pronombre Reflexivo
yo	me	me	me
tú (vos)	te	te	te
Ud.	se	se	se
él	lo, la	le (se)	se
nosotros/as	nos	nos	nos
ustedes	los, las	les	se
ellos/as	los, las	les	se

(ÉL) La cocinó con mucha pimienta (a la carne).

(ÉL) Le compró un regalo (a ella).

(ÉL) Se lo compró (un regalo) (a ella).

(ÉL) Se miró en el espejo (a sí mismo).

Preposiciones

Oposición

sin / con   Estoy [con / sin] ganas de trabajar

por / para   Lo compré [por / para] ti (vos)

ante / tras   Está [ante / tras] la puerta

desde / hacia   Caminó [desde / hacia] la casa

a / de   Vengo [a / de] Perú

Gradación

hacia / hasta / a   Comenzó a caminar hacia la casa.

Caminó hasta la casa y no entró.

Fue caminando a la casa.

Instrumento, material, medio

con / de / en   La escultura está hecha con madera.

La escultura está hecha de madera.

La escultura es de madera.

por / en   Viajaremos [por / en] barco.

¡Vamos todavía!

1) Para qué producto, empresa, colección, que se va a lanzar al mercado son buenos estos nombres:

Relámpago　＿＿＿＿＿＿＿＿＿＿＿＿＿＿＿＿＿＿＿

Martín Fierro　＿＿＿＿＿＿＿＿＿＿＿＿＿＿＿＿＿

Cumbia　＿＿＿＿＿＿＿＿＿＿＿＿＿＿＿＿＿＿＿＿

Maracuyá　＿＿＿＿＿＿＿＿＿＿＿＿＿＿＿＿＿＿

Botija　＿＿＿＿＿＿＿＿＿＿＿＿＿＿＿＿＿＿＿＿

Rayuela　＿＿＿＿＿＿＿＿＿＿＿＿＿＿＿＿＿＿＿

2) A la inversa, qué nombre es bueno para

un restaurante　＿＿＿＿＿＿＿＿＿＿＿＿＿＿＿＿

una revista deportiva　＿＿＿＿＿＿＿＿＿＿＿＿

una marca de zapatos　＿＿＿＿＿＿＿＿＿＿＿＿

un jabón　＿＿＿＿＿＿＿＿＿＿＿＿＿＿＿＿＿＿＿

una escuela　＿＿＿＿＿＿＿＿＿＿＿＿＿＿＿＿＿

3) Elige alguno de los nombres del ejercicio 2, y diseña la publicidad para los diarios. Describe el producto.

"Una novela (deber ser) _____ como una casa en la que uno (tener) _____ ganas de vivir."

(A. Bioy Casares)

"Uno (poder decir) _____ que (leer) _____ una novela en la que un señor alto, flaco y viejito (salir)_____ a recorrer el mundo en un caballo con un señor gordo que (viajar) _____ en burro. Pero, obviamente no está (contar) _____ la totalidad del Quijote."

(Angélica Gorodischer)

"En cada visita que (hacer) _____ Marcos al hogar de su hermana Nivea, (quedarse) _____ por varios meses, (provocar) _____ _____ el regocijo de los sobrinos, especialmente de Clara, y (ser) _____ una tormenta en que el orden doméstico (perder) _____ su horizonte."

(Isabel Allende)

"No se asuste usted, (decir)_____ el general en un tono tranquilo. Y (ir)_____ ahora que todavía (ser) _____ joven, porque un día (ser) _____ demasiado tarde, y entonces no se (sentir) _____ ni de aquí ni de allá. Se (sentir) _____ forastero en todas partes y eso (ser) _____ peor que estar muerto."

(G. García Márquez)

"La noche pasada, Don Juan, procedió a introducirme en el terreno de su saber. Estábamos sentados frente a su casa, en la oscuridad. De improviso, tras un largo silencio, empezó a hablar. Dijo que iba a aconsejarme con las mismas palabras usadas por su propio benefactor el día en que lo tomó como aprendiz." /.../

(Carlos Castañeda)

"Un hombre va al saber como a la guerra: bien despierto, con miedo, con respeto y con absoluta confianza. Ir en cualquier otra forma al saber y a la guerra es un error, y quien lo comete vive para lamentar sus pasos."

(Carlos Castañeda)

BUDIN DE DURAZNOS
(8 porciones)

Duraznos en almíbar, 1 lata; huevos, 4; azúcar, 4 cucharadas; bizcochos molidos, 1 taza; CASANCREM, 200 g; ralladura de naranja, 1 cucharada; pasas rubias, 75 g.

Escurrir los duraznos, reservar 3 y el resto licuarlos con los huevos. Agregar el azúcar, los bizcochos, el CASANCREM, la ralladura y las pasas. Acaramelar una budinera, colocar la preparación y cocinar a baño de maría en horno moderado 45 a 50 minutos. Dejar enfriar y desmoldar. Decorar con los duraznos reservados cortados en rodajitas y copitos de CASANCREM.

Esta receta ha sido creada por la Sra. Choly Berreteaga

RAINUZZO

casancrem
Es puro sabor!

si gusta tanto... es **casanto**

Miró a **Paco Yunque** desde la ventana. _____

¿Apagaste **las luces** del jardín? _____

Compró **chocolates** para él. _____

Compró chocolates **para él**. _____

Compró **chocolates para él**. _____

Quiero gritar **que te quiero**. _____

Hoy vi **a las niñas** en la escuela. _____

María enseña **matemáticas** a niñas pequeñas. _____

María enseña matemáticas **a niñas pequeñas**. _____

María enseña **matemáticas a niñas pequeñas**. _____

Las pinto. **Pinto las lámparas.**

Se lo compro. _____

Me la dejó sobre la mesa. _____

No nos lo enseñó. _____

Se le cayeron en otoño. _____

Les hablo de la filosofía. _____

Las regaba todos los días. _____

Lo dibujó. _____

Le dibujó. _____

Se dibujó. _____

La dibujó. _____

TRES PORTUGUESES BAJO UN PARAGUAS

(sin contar el muerto)

1

El primer portugués era alto y flaco.
El segundo portugués era bajo y gordo.
El tercer portugués era mediano.
El cuarto portugués estaba muerto.

2

—¿Quién fue? —preguntó el comisario Jiménez.
—Yo no —dijo el primer portugués.
—Yo tampoco —dijo el segundo portugués.
—Yo menos —dijo el tercer portugués.
El cuarto portugués estaba muerto.

3

Daniel Hernández puso los cuatro sombreros sobre el escritorio. Así:

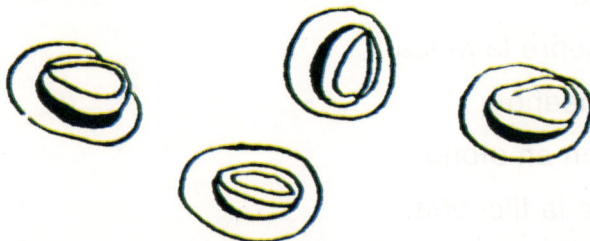

El sombrero del primer portugués estaba mojado adelante.
El sombrero del segundo portugués estaba seco en el medio.
El sombrero del tercer portugués estaba mojado adelante.
El sombrero del cuarto portugués estaba todo mojado.

4

—¿Qué hacían en esa esquina? —preguntó el comisario Jiménez.
—Esperábamos un taxi —dijo el primer portugués.
—Llovía muchísimo —dijo el segundo portugués.
—¡Cómo llovía! —dijo el tercer portugués.
El cuarto portugués dormía la muerte dentro de su grueso sobretodo.

5

—¿Quién vio lo que pasó? —preguntó Daniel Hernández.
—Yo miraba hacia el norte —dijo el primer portugués.
—Yo miraba hacia el este —dijo el segundo portugués.
—Yo miraba hacia el sur —dijo el tercer portugués.
El cuarto portugués estaba muerto. Murió mirando al oeste.

6

—¿Quién tenía el paraguas? —preguntó el comisario Jiménez.
—Yo tampoco —dijo el primer portugués.
—Yo soy bajo y gordo —dijo el segundo portugués.
—El paraguas era chico —dijo el tercer portugués.
El cuarto portugués no dijo nada. Tenía una bala en la nuca.

7

—¿Quién oyó el tiro? —preguntó Daniel Hernández.
—Yo soy corto de vista —dijo el primer portugués.
—La noche era oscura —dijo el segundo portugués.
—Tronaba y tronaba —dijo el tercer portugués.
El cuarto portugués estaba borracho de muerte.

8

—¿Cuándo vieron al muerto? —preguntó el comisario Jiménez.
—Cuando acabó de llover —dijo el primer portugués.
—Cuando acabó de tronar —dijo el segundo portugués.
—Cuando acabó de morir —dijo el tercer portugués.
Cuando acabó de morir.

9

—¿Qué hicieron entonces? —preguntó Daniel Hernández.
—Yo me saqué el sombrero —dijo el primer portugués.
—Yo me descubrí —dijo el segundo portugués.
—Mis homenajes al muerto —dijo el tercer portugués.
Los cuatro sombreros sobre la mesa.

10

—Entonces, ¿qué hicieron? —preguntó el comisario Jiménez.
—Uno maldijo la suerte —dijo el primer portugués.
—Uno cerró el paraguas —dijo el segundo portugués.
—Uno nos trajo corriendo —dijo el tercer portugués.
El muerto estaba muerto.

11

—Usted lo mató —dijo Daniel Hernández.
—¿Yo, señor? —preguntó el primer portugués.
—No, señor —dijo Daniel Hernández.
—¿Yo, señor? —preguntó el segundo portugués.
—Sí, señor —dijo Daniel Hernández.

12

—Uno mató, uno murió, los otros dos no vieron nada —dijo Daniel Hernández—. Uno miraba al norte, otro al este, otro al sur, el muerto al oeste. Habían convenido en vigilar cada uno una bocacalle distinta, para tener más posibilidades de descubrir un taxímetro en una noche tormentosa.

"El paraguas era chico y ustedes eran cuatro. Mientras esperaban, la lluvia les mojó la parte delantera del sombrero.

"El que miraba al norte y el que miraba al sur no tenían que darse vuelta para matar al que miraba al oeste. Les bastaba mover el brazo izquierdo o derecho a un costado. El que miraba al este, en cambio, tenía que darse vuelta del todo, porque estaba de espaldas a la víctima. Pero al darse vuelta se le mojó la parte de atrás del sombrero. Su sombrero está seco en el medio; es decir, mojado adelante y atrás. Los otros dos sombreros se mojaron solamente adelante, porque cuando sus dueños se dieron vuelta para mirar el cadáver, había dejado de llover. Y el sombrero del muerto se mojó por completo al rodar por el pavimento húmedo.

"El asesino utilizó un arma de muy reducido calibre, un matagatos de esos con que juegan los chicos o que llevan algunas mujeres en sus carteras. La detonación se confundió con los truenos (esta noche hubo una tormenta eléctrica particularmente intensa). Pero el segundo portugués tuvo que localizar en la oscuridad el único punto vulnerable a un arma tan pequeña: la nuca de su víctima, entre el grueso sobretodo y el engañoso sombrero. En esos pocos segundos, el fuerte chaparrón le empapó la parte posterior del sombrero. El suyo es el único que presenta esa particularidad. Por lo tanto es el culpable".

a) Señala en el texto las preposiciones.

_____

_____

_____

_____

b) Escribe las preposiciones que introducen verbos en infinitivo. Añade algunas de las que faltan.

_____

_____

_____

_____

c) Escribe las palabras que introducen el pretérito imperfecto. Añade algunas de las que faltan.

_____

_____

_____

_____

d) Escribe los verbos reflexivos. Construye una oración con QUEDARSE EN.

_____

_____

_____

_____

_____

¡No me digas!

1   Averigua:

La nacionalidad de cada uno de los sospechosos del Dr. Pi.

Los países que cada sospechoso ha visitado.

¿Qué personajes de las otras unidades no son sospechosos para el Dr. Pi y por qué?

¿En qué circunstancias el Dr. Pi se encuentra con la primer sospechosa?

¿Cuántas veces y en qué lugares vio al matrimonio Gómez?

¿Cuáles de los sospechosos tienen algún tipo de relación entre ellos aparte de haber compartido la fiesta?

Según tu criterio, ¿cuál de los sospechosos crees incapaz de robar y por qué?

¿Por qué piensas que el sospechoso Dr. Segura se hizo ver pocas veces durante el viaje?

¿Por qué piensas que el sospechoso Walter Rossi fue de vacaciones a Colombia?

2   Imagina que tú participaste en la fiesta de la Condesa y tuviste la oportunidad y el motivo para robar las joyas. Eres, por lo tanto, un sospechoso. Tus compañeros deben acusarte y tú debes defenderte.

3   Considerando la lista de sospechosos del Dr. Pi, ¿quién fue el ladrón de las joyas de la Condesa de Gramois? Explica por qué y reúne las evidencias. Toma en cuenta, para tu veredicto, los diálogos del Dr. Pi.

No es hablar por hablar

1 Escucha el siguiente diálogo y señala si las oraciones son correctas o incorrectas.

	C	I
Elena y José estudiaron juntos en la escuela.	☐	☐
José recién se ha casado.	☐	☐
Elena debe ir a buscar a los niños a la escuela.	☐	☐
Elena acepta con gusto la invitación al cine.	☐	☐
José esperará en su casa la visita de Elena.	☐	☐

2 Transforma según el modelo.

> —Voy a esperar **a Isabel**.
>
> —**Voy a esperarla**.

Doctor Pi

Santa Marta, 3 de octubre de 1994

Estimada Condesa:

Junto a esta carta le envío el informe sobre los sospechosos y mis actividades desde que salí de su casa. Ha sido un trabajo muy complicado y de mucho riesgo. En efecto, todos los sospechosos quisieron, en distintas oportunidades, poner fin a mi vida (o sacarme del medio): uno quiso atropellarme con un auto, otro me empujó a un precipicio, otro quiso tirarme una estantería encima, otro intentó cambiarme las maletas, otro pretendió ahogarme en el Caribe, otro mandó a sus guardaespaldas para secuestrarme, otro envenenó mi bebida, etc. De todos modos y gracias a mi sagacidad e inteligencia, pude estudiar a todos y llegar al verdadero ladrón: el falso doctor Segura. La noche del robo logró cortar las luces y, estando en la oscuridad, puso las joyas en su maletín de falso médico, y luego lo escondió en la chimenea. Al día siguiente regresó para despedirse (llevaba un maletín, ¿recuerda?) que suplantó por el que estaba escondido.

Sin embargo, a último momento, cuando estaba a punto de ser capturado por mí, el falso doctor Segura consiguió escapar mezclado en una delegación médica que partía rumbo a México. Por supuesto se llevó las joyas. (Yo no pude hacer nada porque estaba en el hospital.)

Espero sus instrucciones para saber si debo continuar aquí, seguir a México o regresar a Gramois.

Siempre rendido a sus pies, lo saluda

Dr. Pi Torrendel

PD: Debe quedarse tranquila con Walter Rossi: intentó seducir a todas las mujeres que encontró en su camino. Yo me encargaré del asunto y Walter Rossi jamás volverá a molestar a su amada, bella y deseada hija (sobre la que le hablaré en nuestro próximo encuentro).

FIN (Esta historia continuará.)

En la carta a la Condesa, Pi altera el orden de los incidentes de
cada unidad. Escucha y ponlos en orden.

1. _____

2. _____

3. _____

4. _____

5. _____

6. _____

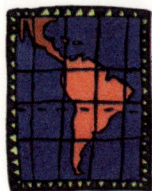

El sur también existe

Las lenguas de América

Lengua		País	Palabras
Nahuatl	→	México	*cacao, chocolate, hule, tomate, tiza*
Quechua	→	Perú	*alpaca, vicuña, cóndor, mapa, mate, choclo, chacra*
Mapuche	→	Chile	
Guaraní	→	Paraguay	*mandioca, ombú, tucán, ñandú, tapera*
Aimara	→	Bolivia	
Caribe	→	Antillas, Venezuela, Guyana	*caimán, caníbal, loro*
Arahuaco	→	Antillas	*canoa, maíz, batata, tabaco, tiburón, hamaca, sabana*

Problemas del subdesarrollo

Monsieur Dupont te llama inculto
porque ignoras cuál era el nieto
preferido de Víctor Hugo.

Herr Müller se ha puesto a gritar,
porque no sabes el día
(exacto) en que murió Bismarck.

Tu amigo Mr. Smith,
inglés o yanqui, yo no lo sé,
se subleva cuando escribes *shell*
(Parece que ahorras una ele
y pronuncias *chel.*)

Bueno, ¿y qué?
Cuando te toque a ti,
mándales decir cacarajícara,
y que dónde está el Aconcagua,
y que quién era Sucre,
y que en qué lugar de este planeta
murió Martí.

Un favor:
que te hablen siempre en español.

Nicolás Guillén

Hablando del tiempo

A LA MAÑANA

...EN PUNTO | ...y CUARTO | ...y MEDIA | ...MENOS CUARTO

A LA TARDE...

5 DE LA TARDE, 17 HS. | 6 Y CUARTO, 18 Y 15. | 9 Y MEDIA, 21 Y 30. | 1 MENOS CUARTO, 15 PARA LAS 13.

Los colores

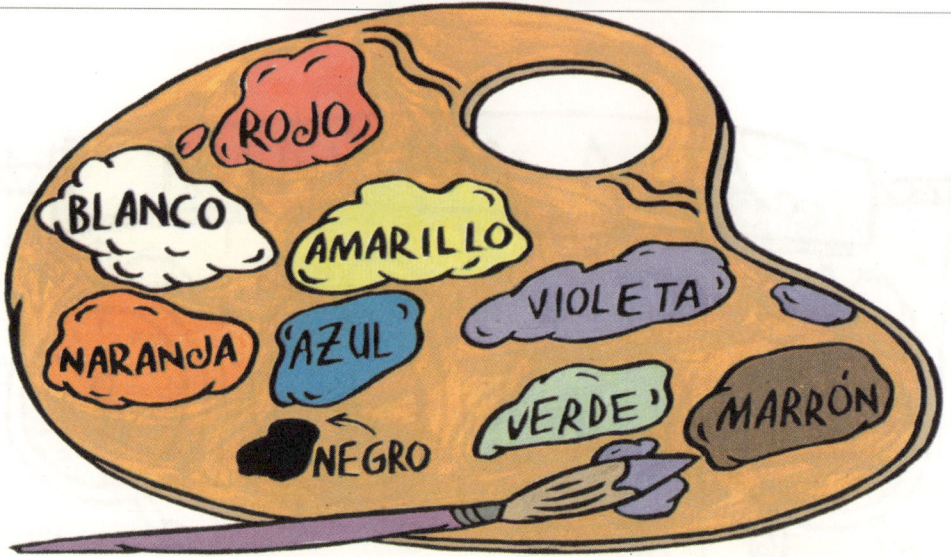

Las estaciones

Breve diccionario dialectal de palabras y expresiones sinónimas

	¿qué tal?	bárbaro	hola	mozo	café	¿cuánto vale?
Argentina	¿qué tal?	bárbaro	hola	mozo	café	¿cuánto vale?
Uruguay	¿qué tal?	bárbaro	hola	mozo	café	¿cuánto vale?
Chile	¿qué tal?	bien po	hola	garzón	café	¿cuánto cuesta?
Perú	¿qué tal?	bestial	hola	mozo	café	¿cuánto cuesta?
Paraguay	buen día	muy bien	hola	mozo	café	¿cuánto vale?
Colombia	¿qué hubo?	bien	hola	camarero	tinto	¿cuánto vale?
México	¿qué hubo?	bien	hola	mesero	café	¿a cómo?
Cuba	¿qué tal?	no tan bien como tú	hola	camarero	café	¿cuánto cuesta?
Bolivia	¿qué tal?	genial	hola	mozo	café	¿qué cuesta?

	linda	baja	maleta	cafetería	cartera	lapicera
Argentina	linda	petisa	valija	café	cartera	lapicera
Uruguay	linda	baja	maleta	cafetería	cartera	lapicera
Chile	rica	chica	valija	fuente de soda	cartera	pluma
Perú	linda	chata	maleta	cafetería	cartera	lapicero
Paraguay	linda		valija	bar		lapicera
Colombia	chusca	bajita	maleta	café	cartera	
México	chula	chaparra	maleta	cafetería	bolsa	pluma
Cuba	salsosa	chiquitica	maleta	cafetería	bolso	pluma
Bolivia	linda	baja	valija	confitería	cartera	lapicera

	diario	periódico	departamento	bandeja	falda	pullover
	diario		departamento	bandeja	pollera	pullover
	diario		departamento	bandeja	pollera	pullover
	diario	ver diario	departamento	bandeja	falda	chaleco
	diario		apartamento	azafate	falda	chompa
	diario		apartamento	fuente	pollera	tricota
	periódico		apartamento	bandeja	falda	buzo
	periódico		apartamento	charola	falda	jersey
	periódico		apartamento	bandeja	falda	jersey
	periódico		departamento	charola	falda	chompa

	caja (de cigarrillos)	cinturón	calzoncillos	bombacha	acá nomás	cuadra
	paquete de cigarrillos	cinturón	calzoncillos	bombacha	acá nomás	cuadra
	caja (de cigarrillos)	cinturón	calzoncillos	bombacha	acá nomás	cuadra
	cajetilla de cigarrillos	correa	calzoncillos	calzón	aquí nomás	cuadra
	cajetilla de cigarrillos	correa	calzoncillos	bombacha	acá nomás	cuadra
	paquete de cigarrillos	cinturón	calzoncillos	calzón	acá nomás	cuadra
	paquete de cigarrillos	correa	calzoncillos	calzones	aquí nomás	cuadra
	cajetilla de cigarros	cinto	calzón	trusa	aquí mero	cuadra
	cajetilla	cinturón	calzoncillos	blummer	acá nomás	cuadra
	cajetilla	cinturón	calzoncillos	calzón	aquí nomás	cuadra

	doblar	levante	cruzar	avenida	fichas	kiosco
	doblar	levante	cruzar	avenida	fichas	kiosco
	doblar	levante	cruzar	avenida	fichas	kiosco
	doblar	pinchar	pasar	avenida	fichas	kiosco
	voltear	levante	cruzar	avenida	rin	kiosco
	doblar	levante	cruzar	avenida	fichas	kiosco
	volear	levante	cruzar	avenida	fichas	kiosco
	doblar	levante	cruzar	avenida	veinte	kiosco
	doblar	levante	cruzar	alameda	fichas	kiosco
	doblar	levante	cruzar	avenida	fichas	kiosco

	torta	valija	almacén	bife	apartamento	colectivo
🇦🇷	torta		almacén	bife		colectivo
🇺🇾	torta		almacén	bife		colectivo
🇨🇱	queque	ver maleta	almacén	bistec	ver departamento	micro
🇵🇪	torta		almacén	bistec		busing
🇧🇴	torta		almacén	bife		colectivo
🇨🇴	panqué		almacén	carne		bus
🇲🇽	pastel		tienda de abarrotes	stock		camión
🇨🇺	cake		almacén	bistec		guagua
🇧🇴	torta		tienda	bife		colectivo

	bonita	pollera	papas	tomate	puesto	aros
🇦🇷	linda		papas	tomate	puesto	aros
🇺🇾	bonita		papas	tomate	stand	caravanas
🇨🇱	linda	ver falda	papas	tomate	puesto	aros
🇵🇪	bonita		papas	tomate	puesto	aros
🇧🇴	bonita				puesto	aros
🇨🇴	bonita				puesto	aretes
🇲🇽	chela		papas	jitomate	puesto	aretes
🇨🇺	bonita		papas	tomate	puesto	aretes
🇧🇴	bonita		papas	tomate	puesto	aros

	novio/a	nena	chivito	cacerola	zapatilla	plomero
🇦🇷	novio/a	piba	lomito	cacerola	zapatilla	plomero
🇺🇾	novio/a	botija	chivito	cacerola	zapatilla	plomero
🇨🇱	pololo/a	cabra chica	barrojarpa	olla	zapatilla	gasfiter
🇵🇪	enamorado/a	niña	sandwich de carne	cacerola		plomero
🇧🇴	novio/a	nena	sandwich de carne	cacerola		plomero
🇨🇴	novio/a	nena		cacerola		plomero
🇲🇽	enamorado/a	chava	tarta de pierna	olla	tenis	fontanero
🇨🇺	novio/a	niña	chivitos	cazuela	popis	plomero
🇧🇴	novio/a	nena	chivitos	cacerola	zapatilla	plomero

	pieza	arvejas	sabrosa	rico	metro	cholgas
🇦🇷	cuarto	arvejas	rica		subte	mejillones
🇺🇾	pieza	arvejas			metro	mejillones
🇨🇴	pieza	arvejas	ricas	ver sabrosa	metro	cholgas
🇵🇪	pieza	arvejas	sabrosa		metro	mejillones
🇵🇾	pieza	arvejas	sabrosa		metro	cholgas
🇨🇴	cuarto	arvejas	sabrosa		metro	mejillones
🇲🇽	recámara	arvejas	sabrosa		metro	mejillones
🇨🇺	cuarto	habichuelas	sabrosa		metro	mejillones
🇧🇴	pieza	arvejas	rica		metro	cholgas

	locos	jaivas	pololo	chaleco	cabra chica	boleto
🇦🇷	locos	cangrejos		chaleco		boleto
🇺🇾	locos			chaleco		boleto
🇨🇱	locos	jaivas		chaleco		boleto
🇵🇪	locos	jaivas	ver novio/a	chaleco	ver nena	boleto
🇵🇾	locos	jaivas		chaleco		boleto
🇨🇴	locos	jaivas		chaleco		ticket
🇲🇽	locos	cangrejos		chaleco		ticket
🇨🇺	locos	cangrejos		chaleco		
🇧🇴	locos	cangrejos		chaleco		boleto

	golosinas	piloto	¿cómo le va?	bestial	cubetas	encantada
🇦🇷	golosinas	impermeable	¿cómo le va?		cubetas	encantada
🇺🇾	golosinas	piloto	¿cómo le va?		cubetas	encantada
🇨🇱	dulces	impermeable	¿cómo está?		cubeteras	encantada
🇵🇪	dulces	piloto	cómo está?	ver bárbaro	cubetas	encantada
🇵🇾	golosinas	piloto	¿cómo está?		cubeteras	encantada
🇨🇴	dulces	gabardina	¿cómo está?		cubetas	encantada
🇲🇽	dulces	piloto	¿cómo le va?		cubetas	encantada
🇨🇺		piloto	¿cómo está?		cubeteras	encantada
🇧🇴	dulces		¿cómo le va?		cubetas	encantada

	gordo	platicar	guapo	morocha	bar	peleado
Argentina	gordo	charlar	guapo	morocha	ver cafetería	peleado
Uruguay	gordo	charlar	guapo	morocha		peleado
Chile	guatón	conversar	pintón	morena		enojado
Perú	gordo	platicar	guapo	morocha		peleado
Paraguay	gordo	charlar	guapo	morocha		peleado
Colombia	gordo	platicar	guapo	morocha		peleado
México	gordo	platicar	cuero	morocha		peleado
Cuba	que rueda	platicar	guapo	morocha		peleado
Bolivia	gordo	charlar	pintudo	morena		peleado

	coche	mesero	bus
Argentina	auto	ver mozo	ver colectivo
Uruguay	coche		
Chile	auto		
Perú	carro		
Paraguay	auto		
Colombia	carro		
México	carro		
Cuba	carro		
Bolivia	auto		

	Argentina
	Uruguay
	Chile
	Perú
	Paraguay
	Colombia
	México
	Cuba
	Bolivia

Esta edición
se terminó de imprimir en
RIPARI S.A.
General J. G. Lemos 248, Buenos Aires
en el mes de abril de 1996